2021东北亚经济论坛
Northeast Asia Economic Forum

U0674836

贯彻新发展理念 实现东北经济高质量发展

——2021东北亚经济论坛专家论文集

东北财经大学东北亚经济研究院 编

2021

New Development Concept
Achieving High-Quality Economic Development of Northeast China
—2021 Expert Papers of Northeast Asia Economic Forum

东北财经大学出版社
Dongbei University of Finance & Economics Press

大连

图书在版编目（CIP）数据

贯彻新发展理念　实现东北经济高质量发展：2021东北亚经济论坛专家论文集/东北财经大学东北亚经济研究院编．—大连：东北财经大学出版社，2022.8
ISBN 978-7-5654-4567-5

Ⅰ.贯…　Ⅱ.东…　Ⅲ.①区域经济发展-东北地区-文集 ②东北亚经济圈-区域经济合作-东北地区-文集　Ⅳ.①F127.3-53 ②F114.46-53

中国版本图书馆CIP数据核字（2022）第131257号

东北财经大学出版社出版

（大连市黑石礁尖山街217号　邮政编码　116025）

网　　址：http://www.dufep.cn

读者信箱：dufep@dufe.edu.cn

大连图腾彩色印刷有限公司印刷　东北财经大学出版社发行

幅面尺寸：170mm×240mm　　　字数：89千字　　　印张：7.75

2022年8月第1版　　　　　　　2022年8月第1次印刷

责任编辑：李　季　吉　扬　　　责任校对：刘东威

封面设计：冀贵收　　　　　　　版式设计：原　皓

定价：36.00元

前　言

2021年是中国共产党成立100周年，是"十四五"规划开局之年，也是全面建成小康社会、开启全面建设社会主义现代化国家新征程的关键之年。面对新的历史起点和新的历史任务，东北作为国家的重要战略区域理应有新担当、新作为、新突破。

为深入贯彻落实习近平总书记关于东北振兴实现经济高质量发展的重要讲话精神，服务东北融入以国内大循环为主体、国内国际双循环相互促进的新发展格局，以高质量发展为"十四五"东北振兴开好局，东北亚经济研究院作为高端新型智库，于2021年9月17日，联合中国国际商会、新浪财经，采用线上线下相结合的方式，共同举办了以"贯彻新发展理念，实现东北经济高质量发展"为主题的2021东北亚经济论坛。

论坛设置了主旨演讲、新书发布、经济情况介绍、榜单揭晓、分论坛等多个环节。来自中央党校（国家行政学院）、商务部国际贸易经济合作研究院、中国保险学会、黑龙江省社会科学院、吉林大学、中国建设银行研究院、中国银行保险传媒股份有限公司、中国农业银行、IBM、北京绿色交易所、东源投资、甲子养老、盛京银行、吉林银行、东北财经大学等国内外政府部门、企事业单位、科研机构和大中专院校的100余名专家学者出席了本次论坛。论坛围绕贯彻新发展理念、推动东北经济高质量发展展开深入探讨，为推动新时期东北振兴取得新突破献计献策。

本论文集是对与会专家学者真知灼见的集结汇总，按照具体探讨的问题分为五篇：

第一篇"新发展理念——东北经济高质量发展的重要原则"。坚定不移贯彻创新、协调、绿色、开放、共享的新发展理念，是"十四五"及今后一个时期经济社会发展必须遵循的重要原则。本篇汇集八位特邀嘉宾的主旨报告，分别从乡村振兴、突破路径、产业重构、金融服务、绿色金融、健康养老、资本市场、养老保险等方面，为东北贯彻新发展理念，走高质量发展之路提供了参考借鉴。

第二篇"碳金融——东北经济高质量发展的优势选择"。东北应抓住"双碳"机遇，推动产业链、供应链绿色转型，加快低碳经济发展步伐，而"碳金融"可以为此发挥重要的引领和带动作用。本篇汇集四位专家学者的报告内容，就如何借助碳汇、碳金融市场，发挥东北产业和资源优势，实现产业结构调整，助力绿色转型发展，提供了思路与模式建议。

第三篇"健康养老——东北经济可持续发展的机遇和挑战"。人口结构老龄化是东北经济可持续发展必须应对的重大问题，同时也是发展健康养老产业的重要机遇。本篇汇集三位专家学者的报告内容，分别从商业保险养老、康养机构养老、居家养老三个方面，为东北发展健康养老产业提供了见解和建议。

第四篇"乡村振兴——新发展理念下的东北振兴"。东北是我国的重要"粮仓"，肩负维护国家粮食安全的重要责任，推动东北乡村振兴，实现农业农村现代化意义重大。本篇汇集四位专家学者的报告内容，分别从以金融促乡村振兴、以特色农业产业促乡村振兴、以重大调水工程促乡村振兴三个方面，对东北的乡村振兴之路提供了路径选择。

第五篇"金融——东北振兴高质量发展的助力器"。金融是经济血脉，东北全面全方位振兴，实现经济高质量发展，离不开强有力的金融服务。本篇汇集三位专家学者的报告内容，分别从资本市场、数字金融、地方金融机构三个方面，为东北提高金融竞争力、推动产业数字化转型、提升金融服务能力，提供了见解和建议。

面对国际国内复杂的经济形势和构建国内国际双循环格局的重大机遇，研究探讨东北在"十四五"重大战略发展机遇期内所面临的挑战与风险，聚焦新发展理念，提出实现经济高质量发展的对策与建议，具有十分重要的现实意义。本论文集是参加2021东北亚经济论坛所有嘉宾的智慧结晶，谨以此文集对所有嘉宾的热情参与和辛苦付出表示最诚挚的感谢！

东北财经大学东北亚经济研究院执行院长（大连）

施锦芳

2021 年 11 月 10 日

目 录

第一篇

新发展理念——东北经济高质量发展的重要原则

乡村振兴是东北振兴的基础

戴相龙
中国人民银行原行长

振兴东北是国务院于2004年提出的一项经济发展战略，主要内容是振兴东北等老工业基地。2016年10月，习近平总书记视察东北时提出振兴东北要扬长避短，打好发展组合拳，奋力走出全面振兴的新路子。2018年9月，习近平总书记再次到东北考察，明确提出新时代东北振兴是全面振兴，全方位振兴。

谈到东北振兴，我们习惯于考虑振兴东北工业基地，大力培育新兴产业，扩大东北对东北亚的开放。这些都是正确的、必要的，但是并不全面。研究东北振兴，要从当前东北经济社会发展的实际出发。2020年底，东北三省的工业总产值占经济总量的比例是33.7%，比全国的比例低4.1个百分点。辽宁省的钢材产量占全国粗钢产量的比例已降到5.7%，大庆油田产量占全国产量的比例降到15%，吉林省生产的轿车占全国轿车产量的比例降到16%，黑龙江省的煤产量占全国产量的比例已降到1.5%。

但是，东北三省的农业发展地位越来越高。2020年东北三省农业产值占全国农业产值的比例为14.2%，比全国的比例高出6.5个百分点；东北三省的农村人均耕地为10.7亩，而全国农村人口占有耕地仅3.7亩；2020年东北三省粮食产量占全国比例高达14.2%，比全国高出6.5个百分点；猪牛羊禽肉产量占全国11.3%。

因此，讨论东北振兴，既要讲振兴老工业，大力培育新兴产业，扩大对东北亚的开放，更要强调乡村振兴，乡村振兴是东北振兴的基础。

一、发展新型农村合作经济是增加农民收入，推进乡村振兴的必由之路

新中国成立初期，我国发展农业合作社和坚持为农业合作社服务的农村供销合作社、农村信用合作社，为农民致富开辟了道路。但是，由于受人民公社和高度集中计划经济体制影响，我国的农村合作经济组织在宪法中的地位实际上已不存在或名不副实。2004年，针对农民收入增长缓慢，有些地区还在下降的实际情况，中央在18年后又恢复下发1号文件直到如今。在中发〔2004〕1号文中，为提高农民收入，提出很多措施，其中重要的一条就是发展真正的农村合作经济。2007年7月1日，国家颁布施行《农民专业合作社登记管理条例》，新型农村合作经济在我国应运而生。

什么叫新型农村合作经济？新型农村合作经济是指在2006年《中华人民共和国农民专业合作社法》颁布后发展的，实行生产合作、供销合作、信用合作"三位一体"综合发展的合作经济。

2006年，浙江省瑞安县成立由各类合作经济组织组成的"农村合作经济组织联合会"（简称"农合联"）。时任浙江省委书记的习近平对瑞安的"农合联"充分肯定，并予以支持。中发〔2017〕1号文提出"加强农民合作社规范化建设，积极发展生产、供销、信用'三位一体'综合合作"。2018年，浙江省从乡镇到省成立多层次的"农合联"，其他省（区、市）的"三位一体"新型农村合作经济也在迅速发展。

新型农村合作经济与过去有名无实的农村合作经济相比，具有适应社会主义市场经济发展的新功能：一是对社员提供及时方便的各项服务功能；二是利差返还功能，所有真正的合作经济组织不纳税，通过多种方式把收益返还社员；三是联合功能，通过合作社联系农户，合作联社联系合作社，把小农户生产经营与国

内外大市场相连接，提高农户和合作经济组织在国内市场的竞争力。

发展新型农村合作经济，是促进农民增收、乡村振兴的必由之路。2020年我国已完成全国脱贫攻坚战。习近平总书记在党的十九大报告中提出，到2035年我国人民生活实现"宽裕"的目标。为此，必须提高6亿~7亿农民的家庭经营收入水平。实地调查发现，参加农民专业合作社的农户，年收入比未参加合作社的农户高出30%左右。2016年全国规模以上农产品加工企业实现利润1.3万亿元，近几年农村商业银行系统每年实现利润2 500亿元。通过发展三位一体新型农村合作经济，可以把一部分农产品加工利润和商业银行利润转移到农户发展新型农村合作经济中，合作经济组织必然促进人才、技术、资金等生产要素向乡村集中，有利于推进小城镇建设，促进城乡一体化发展。

二、推进乡村振兴是推进东北振兴的基础

推进东北振兴，一要促进东北老工业基地振兴，二要提升科技创新能力，大力培育新兴产业，三要促进东北三省对东北亚地区的开放。同时，建议省、市（地）领导用更多力量促进乡村振兴，特别是县（市）乡（镇）党政领导把更多精力放在促进新型农村合作经济的建设上。

第一，县乡党政主要领导要集中精力统一组织所在地新型农村合作经济的规划和发展。有的人说要吸取过去合作化的教训，地方党政机关对农民发展合作社只能促进、鼓励、支持，不能走到第一线去包办代替。我认为对这个观点要澄清。农民合作经济组织是农民的自愿组织，应充分发挥农民合作社牵头人的作用，但是，也要看到在我国任何涉及城乡层面利益的变革，没有党和政府的领导是办不成的，也是办不好的。要发展新型农村合作经济，党和政府就应顺应农民的需要，积极领导农民规范和发展新型农村合作经济，包括建立和完善本地新型农村合作经济组织的规划、改革途径和典型培育、扶持政策，省区市设立合作经济干部管理学院和培训中心，大力培育新型农村合作经济的领导人才和专业

干部。

第二，支持有条件的农民专业合作社进行农产品初加工；支持有需求又有条件的农民专业合作，设立乡镇农产品加工合作社，对一部分农产品进行深加工；支持农民专业合作社和农产品加工合作，在县城或农产品集散地创办技术先进、规模较大的农产品精加工基地，创办大宗农产品现代化加工基地。各级农产品加工合作社要将主要收益返还生产经营户，同时做好加工企业的环境管理和卫生管理。

第三，支持发展新型合作金融。原农村信用社转变为农村商业银行后，2008年至今，中共中央已10多次下文要求发展新型农村合作金融并进行试点。新型农村合作金融包括两类：一类是支持在有条件的农民专业合作社内开展资金互助，即信用合作，要"坚持会员制、内部性、不承担固定回报"，不设立独立法人，由农民专业合作社内设的"信用合作部"承办，参与资金互助的社员不入股或从首次借款中提出一部分资金作为风险准备金，可允许设立与业务相适应的"资金池"，利率参照当地农商行，不纳税，收益按所取风险准备金和存款借款的积分返还社员，业务可委托当地农村商业银行办理；另一类是在乡村社区设立资金互助社。

第四，建议东北三省规划和创办新型农村合作经济示范社和示范区。2021年3月我去吉林省梨树县调研新型农村合作的试点工作，此后又请中国人民银行四平支行行长和梨树县政府及有关部门为我补充了该县畜牧业发展概况。梨树县面积3 511平方千米，总人口53.7万人，其中农业人口34.4万人，人均耕地10亩，常年粮食产量40亿斤，人均生产粮食、粮食单产、粮食商品率等指标在全国位居前列。县内建有全国最大生猪交易市场，年交易量高达135万头，是全国商品瘦肉型猪基地。畜牧产品生产经营分为4个环节：一是良种培育，二是育肥，三是屠宰，四是加工。各个环节分布在各类企业法人中。全县畜禽年出栏量，生猪135万头，牛13.5万头，羊17万只，禽1 600万只。2020年畜牧业产值101亿元，总利润为27.4亿元，其中良种培育环节利润11.95亿元，育肥环节利润7.57亿元，屠宰环节利润1.88亿元，加工环节利润6.03亿元。畜禽良种培育主要由良种场提供，育肥主要由畜牧户或专业户完成，屠宰和加工由本地和外地（北京、天津、上海）民营企业完成。猪牛羊的生产和销售由1 000多名订单经纪人从中衔接，为此服务的运输汽车有2 000辆。这种产业链是在重视发展民营经济，看淡合作组织大背景下形成的。这种产业链的最大弊端是社会资本获得畜禽业产业链的大部分利润，而农牧民获得产业链中育肥环节的利润7.57亿元，仅占产业链利润27.4亿元中的27.6%。大量活禽长途运输既增加了消费者的支出，也不利于环保，不利于县域经济发展大宗农牧产品加工基地，不利于新型小城镇的发展。

东北党政机关和有关部门应深入研究现行大宗农牧产品生产、加工、销售管理体制，逐步建立由国家扶持的以合作经济组织为主体，农牧民获得最大利益的大宗农牧产品生产、加工、销售管理体制。主要内容如下：

第一，建设由国家扶持、以政府和农民专业户为主的畜禽良种培育和供应基地，以优惠价格向畜牧饲养户和专业户提供良种。

第二，发展适度规模的畜禽生产专业户和家庭农牧场，成立畜禽专业合作社，为畜禽育肥专业户提供各种服务，做好防疫、环保工作。

第三，以农牧专业户和农牧专业合作社为主，组建农牧产品加工合作社。在乡镇进行初加工，或者部分深加工，在县城或者农牧产品生产基地进行精加工，建设现代化规模较大的加工厂。畜牧产品加工合作社可以吸收一部分民营资本作为合作社的优先股，可以招聘社会上办得好的畜牧产品加工企业的职业经理和专业人才从事经营管理，加工合作社的绝大部分利润按提供农牧产品的数量和质量返还农牧民。

第四，县、镇农产品加工合作社可内设畜牧业加工食品销售部，建立畜禽食品信息网络系统，开展网上交易，定期召开"梨树白猪""梨树肉牛"交易会，逐步建立区域性乃至全国性畜牧加工食品销售中心。猪、牛、羊食品销售利润直接或间接返还农牧民。

各级财政税收部门、国家政策性银行和国有控股大型商业银行等，要对建立新型的农牧产品生产、加工和销售基地建设给予长期普惠性支持。根据东北三省有关"十四五"规划的内容，东北三省已经把建设全国的农牧产品生产和加工基地作为"十四五"规划的重要部分。吉林省还提出实施"秸秆变肉"，建设年产一千万头的肉牛工程，增加对我国城乡居民肉奶供应量。我认为实施这项工程是有条件的，符合习近平总书记提出的全面振兴东北的要求。建议吉林省农牧产品生产加工基地建设不仅要关注规模，还应调整生产关系，把合作经济的理念、制度、组织方式，注入新型农牧产品生产加工基地的建设中，让农民得到更多利益，同时通过基地建设，带动新型小城镇建设，促进城乡一体化发展。

三、编制县域乡村振兴规划，提高县域金融系统整体服务水平

中发〔2018〕1号文《关于实施乡村振兴战略的意见》，提出了2035年、2050年乡村振兴的目标。我认为，除与大中城市有紧密联系的县市外，有关县市都应按照"产业兴旺、生态宜居、乡风文明、治理有效、生活富裕"的总体要求编制2035年、2050年县域乡村振兴规划，确立县域经济的定位、产业、交通、城镇建设、生态环境发展规划和发展重点，为乡村振兴提供系统金融服务。

现在，每个县市一般都有国有控股大型商业银行的县支行、农发行县支行、县农村商业银行、村镇银行、保险公司县分公司，新型农村合作金融也将发展。过去改进县域金融服务，侧重在发展多种金融机构、增加贷款和其他金融服务，减息降费，方便及时方面，落脚点是在单个生产经营体，同质化服务较多，差异化服务较少，缺乏对县域经济服务的系统服务功能。

建议建立由县（市）政府及人民银行县支行、各类金融机构（法人或支行）参加的县域乡村振兴金融服务协调小组，全面确立服务对象，形成乡村振兴长久协调的金融服务。大型金融机构要在改进县域交通、建设现代化大宗农产品加工基地和中心城镇建设中发挥牵头作用，农村商业银行、村镇银行及新型农村合作

金融重点放在服务农民合作社和专业户上，政策性金融机构要在水务、环保建设上多给支持。现在有些乡镇今后要发展为5 000人到2万人的大集镇，一个县应该有乡镇建设公司，为各乡镇规划和建设服务。乡村振兴中，现代农业生产大型设备不断增加，为提高使用效益也可以成立县大型农机具租赁公司。同时，严禁向地方政府设立的平台发放大量贷款，以免形成金融风险。

"十四五"时期东北全面振兴的战略重点

夏德仁
全国政协经济委员会副主任

党中央在"十四五"规划建议中提出,"十四五"期间要推动东北振兴取得新突破。我认为,这是党中央对"十三五"时期东北振兴取得的进展和存在的问题进行全面总结分析后,对"十四五"期间东北振兴提出的新要求。那么,在当前新形势下,东北振兴究竟要在哪些方面取得新突破,战略重点有哪些,我谈五个方面的想法。

一、在深化改革中培育新动能

当前,东北振兴面临的最大问题是经济发展的内在动力不足,无论是国有企业还是民营企业都或多或少存在创新动力不足的问题,使得本来具备的创新资源难以发挥作用,部分人才、科技成果和项目外流。其根源还是体制机制问题。我认为,东北地区到目前为止还没有享受到东南沿海一些地区所拥有的改革红利,所以深化改革仍是"十四五"期间十分艰巨同时又是难以回避的重大任务。因此建议:一要加大国有企业改革力度,进一步深化科技、教育、人才管理体制改革,激活传统体制内人才、技术等创新资源;二要毫不动摇地鼓励支持民营经济发展,特别是加大对创新型、科技型民营中小企业的扶持力度;三要深化行政管理体制改革,按照社会主义市场经济的要求界定好政府与市场的关系，发挥好政府的积极作用，最大程度地激发市场机制的内在动力，彻底根治影响东北投资环境的顽瘴痼疾，通过有为政府和有效市场的密切结合，促进东北地区经济在新时期焕发活力，形成新技术、新产业、新业态、新模式快速发展的新局面。

二、在双循环格局下加快对外开放步伐

改革开放40多年经验告诉我们，对外开放是推动一个地区繁荣发展的重要途径。珠江三角洲和长江三角洲快速发展充分说明了这一点。过去一些年，东北地区改革发展成果，从一定意义上说受益于对外开放。从另一角度看，正是由于近10年来对外开放的步伐减慢，东北经济与东南沿海拉开了距离。在当前双循环的新格局下，东北在参与国内循环和国际循环上应当并重。特别是由于东北一直以来对外开放度不高，所以要把参与国际循环作为一个重要工作。东北处于东北亚区域核心位置，工业基础好，人才科技资源集中，是东北亚工商界比较关注的地区，具有一定的对外开放基础条件。从国家大局来看，加大东北地区的对外开放步伐，对于我国加强同东北亚各国经贸合作，加快"一带一路"建设，对冲美国遏制打压中国的外部风险发挥着不可替代的作用。所以我认为"十四五"期间，要加大东北地区对外开放力度，积极参与东北亚经济合作，利用好日本、韩国的资金、技术和管理经验，拓展与俄罗斯的合作领域，利用好俄罗斯资源、技术与市场，推动东北三省企业改革和产业结构调整优化，这些应当成为"十四五"期间东北振兴的重要任务。当前，要深入分析东北地区外资企业投资经营状况，及时发现和解决存在的问题，进一步优化政策，最大程度地吸引和稳定外商投资。要抢占对外开放制高点，争取以大连为龙头的辽宁沿海经济带获得更加开放的政策，强化大连东北亚国际航运中心的功能和作用，以此带动东北地区更高水平的对外开放。

三、在结构调整中推进产业优化升级

东北振兴的关键是产业振兴。"十四五"期间，东北地区产业结构调整能否有实质性进展是衡量东北振兴是否有新突破的重要标志。过去两年来，我对辽宁产业发展问题做了一些调研（见《从"十三五"到"十四五"辽宁产业研究》，东北财经大学出版社），总体感觉自国家实施东北振兴战略以来，东北地区，特别是辽宁，产业结构调整有了很大进展，但还有一些重要环节需要突破。以辽宁为例，"十四五"期间产业结构优化升级要突出两个重点：一是做大做强优势传统产业，使其真正具有国际竞争力，包括通过鞍本钢合并重组，做强钢铁工业，全力推进长兴岛、盘锦两大世界级石化基地建设，带动石化产业规模化、高质量发展，同时拉长产业链，形成一个完整的、全链条的、具有竞争力的石化产业体系；二是充分利用辽宁人才集中、软件和信息服务业较为发达的优势，全力推进数字经济发展，加大传统产业数字化改造力度，加快智能制造发展步伐，同时推进数字技术产业化，大力发展人工智能、大数据、云计算等新兴产业。"十四五"应当是东北产业结构优化升级有实质性突破的五年。

四、在区域协调发展中构建沈大哈长城市带

东北振兴战略实施多年，各省区的振兴发展积极性都很高，但与一些发达区域相比，东北经济缺乏整体性、协调性和发展合力。"十四五"期间，应以构建沈大哈长城市群为突破口，促进东北经济一体化。一是从总体规划上把沈大哈长四大城市整合为一个面向东北亚发挥辐射作用的城市群或城市带，以此带动东北区域空间布局的一体化。二是以国际化、现代化、市场化为标准，强化四大城市的航运、物流、贸易、金融、科技、文化、旅游等功能，并通过新一轮的基础设施建设，加强人流、物流、资金流、信息流高效流动，提高在东北亚的辐射力和

影响力。三是推进产业布局的协同性，按照客观规律和市场竞争需要，进一步完善东北地区支柱产业的产业链和供应链，形成优势互补、相互配套、资源共享、具有国际竞争力的产业体系，以破解当前东北三省存在的产业同质化问题。

五、在振兴发展过程中保障"五大安全"

习近平总书记强调，东北地区是我国重要的工业和农业基地维护国家国防安全、粮食安全、生态安全、能源安全、产业安全的战略地位十分重要，关乎国家发展大局。在"十四五"期间，东北地区各地党委、政府应当认真落实好习近平总书记的重要指示，把保障"五大安全"作为今后振兴发展的重点任务，层层落实责任。关于这一点，我在全国政协十三届常委会第十八次会议上作了阐述（见2021年9月2日"智库界"微信公众号刊发的《东北振兴与国家安全》一文），在此就不展开分析了。

东北振兴关键在增强产业竞争力

王一鸣
中国国际经济交流中心副理事长

一、东北振兴面临的新形势和新挑战

2014年新一轮东北振兴战略实施以来，东北地区加快转型步伐，推动新旧动能转换，制造业特别是装备制造业发展活力逐步恢复，一批关系国民经济命脉的"大国重器"加快升级，经济发展内生动力增强，初步扭转了经济下滑局面。但也要看到，东北在全国的位势仍在下降，近年来经济增速在波动中虽有所回升，但仍处于四大板块的最低水平，经济转型仍处在爬坡过坎的关键阶段。特别是随着外部环境的深刻变化，国内人才、科技等竞争的加剧，东北振兴面临新形势和新挑战。

（一）新科技革命和产业变革加速发展

当前以大数据、物联网、云计算、人工智能为核心的新科技革命迅猛发展，正在重塑经济竞争力的消长和区域竞争格局。新科技革命也在改变传统的生产要素和新生产要素的相对地位。传统生产要素的地位相对下降，而人力资本、科技创新能力正在成为影响产业竞争力的最重要因素。

人力资本成为影响产业竞争力的关键因素。从欧美发达国家看，技术和收入水平相对较低的劳动力流动性降低，而具有较高专业水平和收入水平的劳动力流动性在提高，而且向优势地区集中。东北近年来人口外流成为一个重要的特征，东北三省常住人口减少数量居全国前三位，中小城市几乎都是人口净流出，而且多为专业技术人员和青壮年劳动力，成为影响东北产业发展的重要因素。

科技创新能力成为影响产业布局的重要因素。高端产业布局更加偏向研发资源和人力资本丰富的地区，东北有一些基础条件很好的大学，比如哈尔滨工业大学和吉林大学，近年来由于人才流失，对东北地区研发和创新能力的影响正在显现。东北产业发展面临的问题是，关键领域创新能力不强，科技领军人才偏少，人才激励机制不足。这对东北增强产业竞争力也形成了很大的制约。

（二）数字化转型向纵深推进

网络互联的移动化、泛在化，信息处理的高速化、智能化，计算技术的高能化、量子化，正在促进产业发展全面数字化。物联网、云计算、大数据等新技术，构建"人-网-物"的互联体系和泛在智能信息网络，推动制造技术向数字化、智能化方向发展。从全国一些领先地区看，先进传感技术、数字化设计制造、机器人与智能控制系统等日趋广泛应用，形成以人机协作为特征的制造业生态。东北在产业数字化转型方面，面临非常大的压力。珠三角、长三角和京津冀等地"黑灯工厂"和无人工厂正在兴起，推动制造业向大规模个性化定制模式转型，而工业互联网的发展，正在加快改变制造业生态。

从发展趋势看，"十四五"时期我国将迎来工业互联网浪潮。如果说"十三五"时期，消费互联网的迅猛发展在我国形成了若干在全球处于领先地位的平台公司，那么可以预期，"十四五"时期将形成工业互联网的发展浪潮。我国有一定影响力的工业互联网平台超过100个，连接工业设备超过7 000万台套，服务工业企业数超过40万家，工业互联网正在作为一种新的生产方式登上历史舞台。

产业数字化将重塑传统产业的生产、销售、流通、融资等流程和产业生态，最大程度降低成本和减少库存，从而大幅提高生产效率。产业数字化转型也在重塑产业空间格局，从一定意义上说，产业布局将更大程度受到产业数字化转型的影响。

从全国产业数字化热力图看，长三角、珠三角和京津冀地区的产业数字化在全国处于领先地位，东北地区明显滞后。东北是制造业相对密集的地区，但产业数字化转型面临诸多挑战。东北消费互联网发展相对落后，积累的高端信息技术人才不足，在发展产业互联网过程中面临人才制约。再加上投资环境的吸引力不强，外来投资偏少，数字经济新动能尚未形成。

（三）落实"双碳"目标带来巨大压力

实现"双碳"目标将带来深刻变革，也将倒逼东北的经济转型。东北地区煤炭、钢铁等传统产业占比高，落实"双碳"目标将大幅度增加这些行业的排放成本，使部分本已比较困难的企业有可能被迫退出市场。

从落实"双碳"目标看，未来十年非化石能源将成为增量能源的主力军，能源消费增量将主要来源于非化石能源，占一次能源的比重将提高到25%左右，化石能源的占比将大幅度下降。东北原来是化石能源生产比较密集的地区，将面临严峻挑战。现在，能源消费总量和强度"双控"，对东北一些高碳项目已经形成了影响。金融机构和市场主体对高碳行业的投资意愿下降，担心新建项目没等到运营就面临退出，这还将造成已经形成的高能耗产业资产"沉没"，可能拖累东北的经济发展。

二、东北增强产业竞争力的突破口

"十四五"时期东北振兴最关键的还是要重构产业竞争力。要以增强产业竞争力为核心，重塑发展和营商环境，增强东北对高端要素的吸引力，进一步发挥和释放东北的产业优势，推动东北振兴高质量发展。

（一）重构科技创新能力

科技创新对东北振兴从来都很重要，但从来没有像今天这么重要。东北的经济和科技的发展水平，决定了东北不可能构建全面的科技优势。要发挥东北现有产业基础，形成局部领先优势。形成局部优势的领域应是有较好科技基础、符合未来科技发展方向和具有较强战略价值的战略性前沿技术领域。东北在制造领域特别是装备领域，科技积累比较有基础，在这些领域培育局部领先优势，形成一些关键核心技术的制高点，有利于增强发展主动权。

改革开放后，通过引进成套设备和终端产品，并对其进行适应性改造和再创新，形成了终端产品的竞争力，东北的核电、火电机组、水轮机、高铁和工程机械，形成了一些终端产品领域的竞争优势。但是关键零部件等中间品的创新能力偏弱。中间品专业化程度高，技术迭代快，技术诀窍等隐性知识多，企业竞争优势在于长期的技术和经验积累。东北制造业有比较长期的技术积累，利用基础能力较强的优势，增强中间品的创新能力，可以孕育出一批中小企业，大大增强东北产业竞争力。

重构科技创新能力就要提升东北的原始创新能力。通过外部市场竞争的倒逼，加强原创能力建设，通过解决一些关键核心技术的"卡脖子"问题来增强原创能力，形成具有国际竞争力的先进制造业集群。要增强原创能力，就涉及人才。增强人才对科技创新的支撑，就要实行更加开放的人才政策，而且要大力推进制度创新。现在比较紧迫的就是加快推进科技成果产权激励，激发科技人员的创新活力，更好地留住科技人才。

（二）加快产业数字化转型

产业数字化是"十四五"时期东北振兴的战略支点。要围绕新型基础设施建设、关键核心技术研发、产业数字化转型等进行战略规划，引导市场主体广泛参与，形成政府与企业推动数字经济发展的合力。加快产业数字化转型，重点有以下几个方面：

一是加快制造业数字化改造。包括在数据接口、数据交换、数据安全等方面，加快推动形成统一的标准和规范。同时，将生产过程与金融、物流、交易市场等渠道打通，促进供需的精准对接，形成产业数字化转型的生态，为产业互联网应用创造条件。

二是推动产业互联网建设。相对于消费互联网，产业互联网对数据的采集、传输、存储、计算、智能化加工的要求大幅度提高。要引导行业龙头企业建设多样化服务功能的产业互联网平台，同时通过龙头企业带动中小企业融入产业互联网发展进程。

三是要加快数字化人才培养。依托哈尔滨工业大学、东北大学等教育资源，加快数字化高端人才培养，关键要留住这些人才，再引进一批高端信息技术人才。产业数字化还需要大量专业技术人员和产业工人，需要职业技术院校加快调整专业设置，培养专业技术人员和产业工人，为数字化转型提供高质量人力资源。

（三）推动产业绿色转型

在"双碳"目标背景下，我国绿色转型既面临前所未有的挑战，同时在能源、工业、交通、建筑等领域，也将孕育新的机会。东北能不能抓住机会，对提升产业竞争力至关重要。

第一，构建清洁低碳安全高效的能源体系。控制化石能源总量，提高能效，推动可再生能源对传统能源的替代，构建以新能源为主体的新型电力系统。这是绿色转型的基本方向，也孕育着新的产业发展机会。

第二，实施重点产业领域节能降碳行动。工业领域推进绿色制造，建筑领域提升节能标准，交通领域加快形成绿色低碳运输方式。

第三，加快推广应用降碳技术。更大力度地推广和应用绿色低碳技术，建立相应的绿色技术标准，完善绿色低碳技术的交易体系和科技创新服务平台。

第四，积极推进碳排放权交易。现在电力市场已经开启了碳排放权交易，"十四五"还将进一步扩大碳市场参与的行业范围，逐步增加交易品种。要利用这个机会，倒逼产业绿色化转型。

第五，要积极发展绿色金融。分步建立强制的信息披露制度，覆盖各类金融机构和融资主体，统一披露标准。这将促进清洁能源、节能环保和碳减排技术等领域的发展。

以开发性金融助力东北振兴取得新突破

刘进
国家开发银行党委委员

作为开发性金融机构，国家开发银行一直以来积极落实党中央、国务院有关决策部署，着力发挥作用，全力支持东北振兴工作，"十三五"期间，累计向东北地区投放贷款超过一万亿元，重点支持了基础设施、保障性住房、现代化产业、对外开放和生态建设等领域，为促进东北地区经济社会发展做出了积极贡献，同时也积累了一些有益经验，主要有以下三个方面。

一是借助银政合作构建有效市场。国家开发银行与省级政府签订多轮开发性金融合作协议，建立高层会商和信息沟通机制，向地方政府推广市场化融资理念；打造"辽宁棚改"等创新融资模式，为东北地区重点领域、薄弱环节融资提供开创性的市场化解决方案；以东北振兴金融合作机制牵头发起单位和轮值召集人的身份，助力国家发改委和地方政府成功举办金融助振兴2018年"吉林行动"和2019年"辽宁行动"，努力打破"投资不过山海关"的魔咒。多年实践表明，深入的银政合作有力推动了一大批重点项目的市场化融资，加速了东北地区有效市场的培育。

二是运用规划先行助力经济结构调整。国家开发银行持续开展与中央部委、地方政府的规划合作，如近年来与国家发改委联合完成《东北东部经济带发展规划研究》《东北振兴"十四五"规划研究》等研究报告，为国家相关政策制定提供了重要支撑。国家开发银行编制了一系列融资和专项规划，"十三五"期间针对东北地区编制规划64项，其中区域类规划35项，实现了从东北整体、重点城区到具体乡镇的立体覆盖；行业类规划11项，涉及先进制造业、食品、航空航天等多个重点行业；客户类规划15项，为辽宁交投、北大荒集团等多个战略客户提供了系统性融资规划；扶贫专项规划3项，助力黑龙江、内蒙古等省区打赢脱贫攻坚战。通过规划先行，开发银行聚焦东北振兴重点任务，力求找准地方经济的结构性问题，明确重点支持领域，使融资支持更加精准有效。

三是通过顶层设计打造长效推动机制。国家开发银行成立了由行领导挂帅的服务振兴东北地区等老工业基地领导小组，自2018年起每年召开服务东北振兴座谈会，强化对推动有关战略的组织领导。国家开发银行印发了《国家开发银行关于支持东北老工业基地振兴发展的实施意见》和《国家开发银行支持东北全面振兴"十四五"实施意见》，自2019年起每年制定年度工作要点，做好开发性金融服务东北振兴的政策制度安排。国家开发银行构建了重大事项推动机制，制定服务东北振兴重点推进事项（项目）清单，按照项目化、清单化、责任化的原则，加强重大事项的专项推进。通过这些机制，国家开发银行充分整合集团资源，加强政策倾斜、支撑和保障，使开发性金融支持东北振兴工作更加有力有效。

2021年是"十四五"开局之年，新时代推动东北振兴需要站在维护"五大安全"的高度，贯彻新发展理念，构建新发展格局。对于"十四五"期间金融支持东北振兴，有以下几点思考：

一是要保持对东北地区的金融支持不减。东北对国家的国防、粮食、生态、能源和产业安全都有着至关重要的作用。无论是从区域协调发展角度还是从国家安全角度，都应该保持对东北地区的资金支持。一方面，要稳步提升信贷资金的投入。充分发挥银行的融资主力军作用，紧紧围绕"五大安全"，在推动产业结构升级、打造核心都市圈、完善交通能源基础设施、补齐民生短板、推动绿色低碳发展等重点领域和薄弱环节加大信贷支持力度，为东北更好融入新发展格局、实现高质量发展提供稳定助力。另一方面，要推动拓宽直接融资渠道。股票、债券等直接融资是对信贷融资的良好补充，如果缺少资本市场支持，就会出现银行"一个巴掌拍不响"的情况。应当推动各类产业引导基金加大对东北地区各类所有制企业的支持，鼓励社会资本参与东北地区的国企混改，努力重塑资本市场对东北地区的信心。

二是要因地制宜开展金融创新。习近平总书记指出，东北振兴发展要扬长避短、扬长克短、扬长补短。我们只有充分挖掘、发挥东北地区的优势，因地制宜开展创新，才能有效助力地方发展。比如，针对东北地区自然资源丰富的特点，金融机构通过构建新型融资模式，打通"资源—资产—资本—财富"转化链条，将自然资源转化为能够持续盈利、具备抵质押属性的优质资产，这样就能够以此为杠杆开展融资，破解地方融资难题，从而真正将"绿水青山"变为"金山银山"。又比如，东北是全国重要的重工业基地，其中装备制造业、军工等产业实力雄厚，产业链条覆盖范围广。金融机构可以以核心企业为抓手，通过供应链融资等创新模式，将融资支持拓展到产业的上中下游，既能够推动核心企业的改革发展，又可以为产业链中的诸多民营企业提供稳定的资金支持。

三是要统筹好发展与安全。目前东北地区整体信贷不良率高于发达地区，地方政府一般财政赤字占地区生产总值的比重上升，企业债务违约时有发生，如何统筹发展与安全需要我们认真研究。一方面，应持续关注东北地区地方政府债务和企业债务风险，在合规的前提下积极助力地方探索市场化化债路径，降低地方的流动性风险。另一方面，应积极推动深化国资国企改革，围绕供给侧结构性改革推动"老字号"改造升级，助力"原字号"深度开发，促进"新字号"培育壮大，不断加大信贷支持力度，通过高质量发展，从根本上降低东北地区的金融风险。

2020年，习近平总书记在吉林考察时指出，要"深入实施东北振兴战略……在走出一条质量更高、效益更好、结构更优、优势充分释放的发展新路上实现新突破"。作为服务国家战略的开发性金融机构，我们深感责任重大。"十四五"期间，国家开发银行将完整、准确、全面贯彻新发展理念，深入贯彻党中央、国务院决策部署，与政府、企业、金融同业一道，共同努力、深化合作，一以贯之、久久为功，持续加大金融支持，做好金融服务，防控金融风险，为服务东北振兴做出新的更大贡献！

服务国家"双碳"目标：
商业银行的使命与责任

王景武
中国工商银行副行长

东北地区是北方生态屏障和全国重要工业基地，以绿色理念支持东北经济高质量发展，既是中国工商银行（以下简称工行）服务国家战略、履行国有大行担当的体现，也是工行积极推进绿色转型的重要着力点。

2020年9月，习近平总书记在联合国大会上提出我国碳达峰碳中和"30·60"目标，为我国应对气候变化、实施绿色低碳发展提供了方向指引，绘就了宏伟蓝图。实现"双碳"目标客观上要求经济社会进行系统性变革，重塑我国的经济结构、能源结构及产业结构。这一过程需要巨量的资金投入，金融可以在其中发挥重要作用，这也是历史赋予我们的重要使命。我认为，为服务国家"双碳"目标，商业银行的首要任务是要以金融力量推进国家产业转型发展。在这方面，工行在实践中形成了一些认识、积累了一些做法。具体如下：

第一，坚持系统观念，统筹推进绿色金融发展。早在2007年，工行就将绿色金融作为全行发展战略，自上而下大力推进绿色信贷建设。多年来，工行不断完善绿色金融治理架构，形成了董事会、绿色金融委员会统筹领导，各部门协同分工，分支机构积极创新，全员参与的绿色金融战略推进体系。目前，工行已经构建了综合化的绿色金融服务体系，涵盖绿色信贷、绿色债券、产业基金、资产证券化、信托、租赁、理财投资等，全产品、全链条支持绿色产业发展。

截至2021年6月末，工行绿色贷款余额达到2.15万亿元；绿色债券投资、绿色非标代理投资、绿色租赁融资等余额4 000多亿元，累计发行绿色金融债券近100亿美元，绿色投融资各项主要指标均保持市场领先。

第二，坚持前瞻布局，持续推进投融资低碳转型。工行始终立足于中国经济绿色低碳发展趋势，前瞻调整投融资布局。对绿色低碳产业，工行围绕低碳、零碳、减碳、负碳四条主线，积极支持绿色低碳产业大发展。在"零碳""低碳"领域，重点支持清洁能源、绿色交通、绿色建筑、绿色制造等产业。在"减碳"领域，积极支持节能改造、能效提升项目及高效节能装备，助力企业减排降碳、转型升级。在"负碳"领域，积极支持碳捕捉等前沿项目及碳汇林建设。对"两高"等高碳行业，工行持续实行"客户分类、有保有压"的信贷政策，支持骨干企业进行节能减排、设备更新，持续退出落后产能，推动高碳行业实现"低碳转型"。对能源领域，工行持续推进投融资结构清洁化、零碳化转型。

近年来，工行清洁能源行业贷款持续快速增长，已成为电力行业贷款的主体，且占比逐年上升。其中，对风电、光伏等新能源发电领域，工行布局早、支持力度大，贷款余额及占比领先优势明显。近年来对"两高"行业投融资总额呈下降态势，"两高"行业贷款占比相对较低。

第三，坚持创新驱动，积极构建碳金融产品体系。工行首批开展了"碳中和"债券投融资业务，上半年主承销"碳中和"债券12只，承销规模市场领先。工行积极参与国家绿色产业基金、积极对接全国碳市场建设、积极支持绿色金融改革创新试验区建设、积极探索开展碳排放权质押贷款业务，这几项业务已经在一些地方初见成效。特别是2021年工行积极创新资本市场金融产品，比如工银瑞信推出了市场首支ESG主题ETF基金，工银理财推出了"碳中和"资产配置指数以及绿色金融理财产品。

第四，坚持底线思维，不断加强气候风险管理。工行将气候风险纳入全面风险管理，持续推进信用风险、市场风险、战略风险等各类风险中的气候风险管理，将气候风险要素嵌入各行业投融资政策及业务管理全流程。近期，工行还在业内首创环境和气候风险智能化管理系统，利用大数据分析，对风险信息实现了智能化提示及管控。此外，工行还对投融资实行绿色分类管理，对气候风险较为突出的高碳行业及企业下调绿色分类，配套差异化管控措施。近期，工行还在人民银行指导下，完成了气候风险压力测试的试点工作，取得了较好的成果。

在商业银行"双碳"工作中，我认为应重点处理好几个关系。一是短期和长期的关系。碳中和是一个长期性概念，我国经济社会低碳转型将在未来四十年中逐步完成，但这一过程绝不是一蹴而就的，短期内投融资结构急速转舵可能会催生系统性风险，因此商业银行要特别注意把握好工作节奏，处理好短期和长期的关系。二是新兴产业和传统产业的关系。新兴绿色低碳产业是投融资热点领域，但要避免"一拥而上"造成的投资过热风险，如近期新能源发电、光伏制造等行业已出现此类苗头，银行在进军新兴绿色产业的同时，仍应关注传统产业低碳转型相关业务机遇，平衡好新旧产业之间的布局。三是全面推进和重点突破的关系。近年来，在绿色金融领域出现了碳金融、气候投融资、ESG投资等各种理念，我认为这些理念是共通的。归根结底，我们还是要在"绿色发展"理念指引下，全面推进绿色金融建设，在发展中保护、在保护中发展，用金融力量助力经济社会发展与人口、资源、环境相协调，同时在不同发展阶段，绿色金融工作可以选择相应的重点进行突破。

贯彻落实好党中央关于碳达峰碳中和各项部署要求，是金融机构当前的重要战略任务。

一要加强科学谋划。与国家"双碳"目标内在要求相一致，统筹考虑投融资绿色低碳转型与能源安全、金融稳定的关系，尊重经济社会转型客观规律，科学把握工作节奏。二要加强服务实体经济。合理配置资源，积极支持绿色低碳产业发展，合理控制高碳企业融资，切实服务实体经济低碳转型和高质量发展。三要加强统筹发展。统筹双碳工作、绿色金融、ESG投资等相关工作，将双碳工作统筹在绿色金融大框架下，依托我国较为完善的绿色金融体系开展工作。四要加强系统推进。统筹绿色低碳产业金融支持与投融资气候风险防控，同时积极提升自身碳表现，大力推进自身运营低碳化转型。五要加强探索创新。加强碳金融和气候投融资领域新模式、新业态研究，提供全方位、特色化的创新产品和服务。

以金融力量服务国家"双碳"目标、推动经济社会发展全面绿色转型，是时代赋予我们的重要使命。工行愿与金融同业一道，做绿色发展理念的先行者和实践者，主动作为，积极作为，勇担使命与责任，在支持东北经济绿色转型的同时，积极服务国家"双碳"目标，为全球绿色发展事业不断贡献金融力量！

贯彻新发展理念，推动健康养老事业高质量发展

王浩
中国建设银行副行长

一、大力发展健康养老事业是新时代的必然要求

根据第七次全国人口普查数据，目前我国60岁以上人口占比18.7%，65岁以上人口占比13.5%，与联合国中度老龄化标准已非常接近，"十四五"期间进入中度老龄化社会已成定局。有效应对人口老龄化，事关国家发展全局，事关亿万百姓福祉，大力发展健康养老事业已成为时代的必然要求。

健康养老不仅是重大的民生工程，也是促消费、稳投资、增就业的重要手段。有关方面预计，到2030年，我国健康服务业总规模将超过16万亿元，养老产业规模将达到2.5万亿元。健康养老横跨一、二、三产业，不仅与衣、食、住、行、医疗等行业密切相关，还涉及休闲、文化、金融等多个行业。作为规模可观、覆盖面广、产业链长、扩张性强的民生产业，必将培育出新的增长点，助推经济、社会高质量发展。

二、贯彻新发展理念，开辟金融支持健康养老产业新路径

坚持创新发展理念，建立完善的健康养老生态圈。政府主管部门应围绕多层次

的养老保障体系，搭建开放式数字化平台，通过平台布局项目，对接资金，落实政策，共享信息，提供公共服务，引入产业链上下游各类主体，形成多圈层的健康养老新生态。支持市场化机构通过平台开展项目对接，通过平台落实奖补政策，鼓励银行、保险等金融机构通过平台发放优惠贷款，上线普惠保险产品，组织投融资合作。

坚持协调发展理念，融合推进乡村振兴与健康养老。推动政府部门加快建立统筹城乡的养老保障体系，进一步完善村、乡镇、县多层次的农村养老服务网络，加大政策、资金支持和转移支付力度，扶持各类农村养老机构建设，缩小城乡养老服务差距。深入挖掘农业农村的生态涵养、健康养老等多种功能和多重价值，吸引有实力的企业进行投资，为金融机构融资提供增信保障。

坚持绿色发展理念，探索绿色生态健康养老新模式。贯彻习近平总书记"绿水青山就是金山银山"的生态文明思想，把生态文明建设成果与发展康养事业有机结合。政府部门、监管机构要加强政策引导，完善碳汇交易制度安排，支持生态效益转化类金融创新。鼓励金融机构与交易所合作，创新碳汇交易产品，开发林下经济，探索低碳养老、碳汇养老业务新模式。

坚持开放发展理念，拓宽康养事业发展视野。加强国际交流，与日韩等东北亚国家在健康养老领域开展交流与合作，探索在本地区打造应对人口老龄化的成功模式。积极应对商业养老保险扩大对外开放的趋势，支持金融机构借鉴国外成熟市场经验，丰富产品类型，增强人才储备。运用跨境资本市场，引入境外合格投资者投资国内的康养市场。

坚持共享发展理念，促进再分配机制的完善。政府主管部门应增加健康养老服务供给，实现普惠性康养服务全覆盖，让更多的人能够感受到产业发展带来的获得感、幸福感和安全感。引导金融机构加大在健康养老领域的减费让利力度，增加公益性支出，将经营收益反哺社会。

三、支持康养事业发展，加快实现东北振兴

金融是国民经济的命脉，是国之重器。面对新时代高质量发展要求，中国建设银行将落实国家战略，拥抱科技、拥抱未来，走智慧型、创新型发展之路，不断加大对康养事业的支持力度。中国建设银行将深化"住房租赁"战略，把租赁和养老问题结合起来研究解决，以"长期租赁式"替代"产权转让式"的"以房养老"思路，用社会更容易接受的方式，增加养老资金和养老住所供给。中国建设银行还将依托"安心养老"综合服务平台，赋能国家养老领域治理效能，探索建立养老服务新模式。

针对东北地区老龄化程度较高的特点，中国建设银行将积极支持东北地区发展康养产业，逐步形成人口和经济发展的良性循环，迈出东北振兴的新步伐。

中国健康养老产业正在蓬勃兴起、发展壮大，正需要汇涓滴之水、聚山川之力！让我们携起手来，贯彻新发展理念，坚持人民至上、生命至上，奋发有为，推进康养事业高质量发展！

促进资本市场，助力东北振兴

李正强
对外经济贸易大学国际经济贸易学院研究员
大连商品交易所原党委书记、理事长

一、东北振兴中的金融和资本市场发展有待改善

从 2003 年 10 月中央提出东北振兴战略后，东北总体的地区生产总值在全国占比的下降势头得到了遏制，进入平稳发展期。但金融发展形势仍有待改善，其中银行贷款占比、保险业保费收入占比等呈现下降趋势。在资本市场方面，东北三省上市公司数量在全国占比呈现下降趋势，2020 年 A 股筹资金额全国占比有小幅回升，资产证券化率水平仍低于全国平均水平。在证券经营机构方面，从总资产和营业收入来看，东北机构排名靠后，从净利润看排名有所提升。新增上市公司数量较少，再融资能力仍有待提高。在此背景下，怎样利用金融市场和资本市场助力东北振兴，是一个非常重大的课题。

二、修复市场信用，促进资本市场发展

东北要打一个翻身仗，修复市场信用，促进资本市场发展，我有以下几点建议：

一是高度重视优化营商环境与修复市场信用的重要性和紧迫性。这应该在东

北形成普遍共识。国内金融市场环境的竞争态势日益加剧，长三角、珠三角、粤港澳大湾区、海南自贸港、北京自贸区等，都在体制机制方面加大力度进行创新，加大对金融机构、资金和人才的吸引力度。最近国务院又公布了六大营商环境创新试点城市。可以判断，未来一段时间，整个社会资源和金融资源的争夺将会日益激烈，大量的社会资源和金融资源将被长三角、珠三角、海南自贸港和北京自贸区等地区强势吸引。与此同时，东北三省金融风险仍然处于多发和频发阶段，自身发展营商环境有待改善。在此背景下，东北唯有对金融机构和人员提供更为特殊、更有吸引力的政策，向全社会吸引资金投资和挽留人才，唯有形成普遍的共识和营造更加特殊的环境，才能够实现环境优化和市场信用的修补。2020年，世界银行公布的主要经济体营商环境排名，中国排名进步是比较快的。万博新经济研究院发布了《后疫情时代中国城市营商环境指数评价报告》，大连、沈阳、长春、哈尔滨的排名基本在25~30位，东北要特别重视营商环境的修复和建设问题。

二是切实加强营商环境优化与修复市场信用措施的落实落地工作。东北地区各界一定要更加强化契约意识、服务意识，加大宣传力度，营造良好的环境。政府要特别注意带头切实帮助企业解决实际困难。

三是切实加强经济与金融市场运行监测监控，坚决杜绝财务造假、资金占用、恶意逃废债等证券违法违规行为，避免信用环境进一步恶化，防范可能发生的风险。

四是发现问题要及时化解，一定不能等、不要拖，不能等到、拖到区域性和系统性的风险发生，要特别注意防范"爆雷"事件。

五是积极支持优质上市公司加速发展、壮大实力，借此培育区域产业集群。

六是推动业绩差的上市公司重组、混改和退市。

三、发挥好大连商品交易所的作用

在东北，特别是在辽宁，有一个重要的机构，就是大连商品交易所（以下简称大商所），要发挥好大商所的作用。现在大商所已经成为国内重要的衍生品交易所，是东北唯一的交易所，已经上市的玉米、大豆、生猪、铁矿石、焦炭、焦煤、塑料等关系国计民生的商品品种，涉及重要产业链，在为实体经济提供价格发现和风险管理功能方面发挥着重要作用。

大商所是国内首家商品期权上市交易所、首家实现上市期货品种国际化的交易所、首家上市油气能源品种的交易所，现在正在筹备航运期货的上市。大商所目前已经成为多元开放（既有期货又有期权和互换，既有场内又有场外，既有境内又有境外）的综合类衍生品交易所，在国际市场上的影响力不断提升，在国际衍生品交易所的排名，按照交易量已经排到第七位。

大商所是"保险+期货"全国试点首发地，在锦州义县完成了国内首单"保险+期货"的玉米保险。大商所企业风险管理计划在辽宁做了非常好的试点，辽宁也是大商所企业风险管理计划的重要基地。2014—2020年，大商所在全国共开展企业风险管理计划222个，其中在辽宁开展了31个，不管是项目数量，还是资金数量，辽宁都占到14%以上，而且在东北也有非常成功的案例。

从金融业增加值占地区生产总值的比重看，大连金融业从2013年就超过了全国平均水平，尽管这两年有所下降，但是仍然在全国、东北、辽宁全省之上。我认为大连金融业的发展是与大商所的带动作用分不开的。另外，从大商所支持的"农民收入保障计划"在全国排名来看，辽宁并不靠前，我们还是要想方设法支持好大商所的发展，发挥好大商所的作用。

一是切实支持大商所国际一流交易所建设。大商所从2014年就提出要建设成国际一流衍生品交易所，打造具有国际影响力的大宗商品定价中心和风险管理中心。习近平总书记在2020年浦东开发开放30周年庆祝大会重要讲话中，专门提到要提升重要大宗商品的价格影响力。我认为大商所是一个非常好的平台，辽宁要采取切实可行的措施，助推大商所尽早建成更具国际影响的大宗商品定价中心和企业风险管理中心。

二是积极推动东北三省实体企业参与大商所企业风险管理计划，利用财税、信贷等措施支持各类企业利用期货市场进行价格波动风险管理。在管理价格波动风险方面，如果东北三省能够推动当地企业积极参与套期保值、管理价格波动风险，实现企业稳健经营，银行不良贷款率也会下降。建议利用财政税收、授信额度和信贷成本等措施，鼓励支持更多的企业参与企业风险管理计划，推动企业到期货市场管理价格波动风险。

三是积极采取财政政策和政府组织等方式，吸引省内外期货经营机构在东北三省开展"保险+期货"服务"三农"业务，积极支持推动涉农企业参与"保险+期货"服务，加大与各类金融机构和市场参与者的合作，吸引更多机构和交易者来东北三省开展业务，壮大大商所实力，壮大东北三省的金融市场实力。

四是加强交易所合作，充分利用交易所独特优势，大面积开展企业风险管理理念与技能培训，提升东北三省企业风险管理水平。东北三省企业经营管理层可以利用大商所这一平台，与党校、金融办（局）、证监局、国资委等共同合作，制订一个通过衍生品市场管理价格波动风险的培训计划，利用两到三年的时间提高东北三省企业管理层利用衍生品市场来管理价格风险波动的理念认识和技能。

创新健康养老保险
促进经济高质量发展

龚明华
中国保险学会党委副书记、副会长

一、保险业在健康养老领域发挥的重要作用

（一）商业健康险的发展

2020年，我国商业健康保险原保费收入达到 8 173 亿元，同比增速为 15.67%，成为增速最快的险种。2021年 1—7 月，商业健康险原保费收入继续快速增长，达到 5 717 亿元。在售的商业健康保险产品超过 5 000 个，涵盖疾病预防、医疗服务、生育保障、医药供给、失能护理、健康管理等领域。商业健康保险在服务"健康中国"、完善医保体系、支持健康产业发展等方面发挥了重要作用。

（二）个税递延型商业养老保险的发展

个税递延型商业养老保险是第三支柱养老保险的重要载体之一。我国已于 2018年 5 月 1 日起，在上海等地实施个人税收递延型商业保险的试点，标志我国个税递延型商业养老保险正式落地。

（三）保险业投资参与养老产业

2007年以来，我国保险机构纷纷投资介入养老服务产业，既有直接投资并经营管理的"重资产模式"，也有以股权合作等方式介入养老产业的"轻资产模

式"，还有轻重资产结合模式，不一而足。保险资金参与养老产业具有"久期匹配"的特征，保险资金的配置周期与养老产业的盈利周期基本一致，为15~20年。保险业投资介入养老产业，能够发挥资金长期运用的优势，可以把刚性的养老需求与低频的保险需求结合在一起，形成新的销售场景，促进相关保险产品的开发和销售。保险业投资参与养老产业，增加对养老产业上下游的投资，拉长产业链，形成保险养老与保险主业协同发展的新格局。

二、健康养老保险与经济高质量发展

经济社会发展为保险业的发展奠定了坚实的基础。国外的经验表明，在人均GDP达到1万美元以后，保险业的发展会上一个新的台阶。我国保险业在经历转型升级的阵痛后必将跃上快速发展的新阶段。

同时，保险业的发展也会促进经济高质量发展。一是保险业发挥风险防范和风险保障功能，起到经济"减震器"和社会"稳定器"的作用。二是保险业作为金融业的重要组成部分，其发展既带动了经济增长，也促进了产业结构升级。健康养老保险作为行业内具有巨大增长空间和创新潜力的领域，其快速发展既重塑了行业业态，也为经济高质量发展注入了新的活力。三是保险行业掌握着大额、长期资金，是国家经济建设的重要资金来源之一，是实施国家战略的重要支撑。保险业投资介入养老产业，服务于国家"医养结合"和"健康中国"战略规划。健康养老保险的创新发展拉长了保险产业链，带动一大批相关产业的发展，营造了新的生态链和生态圈。

三、进一步推动健康养老保险发展的措施和建议

在发展健康险方面，还存在一些不足，主要是产品结构不尽合理，产品同质化倾向明显，失能收入损失险、长期护理险发展不足，与人口老龄化、慢性病多

发的社会环境还不适应。保险机构与医疗机构、医保部门之间还没有实现数据共享，不同疾病发生率、医疗费用、生活行为检测等基础数据不足，基于远程医疗、可穿戴设备提供健康管理服务还需要大力推进。

今后，需要推动商业健康保险机构转型发展，推广"健康保险+健康管理"的经营模式。健康服务应以满足客户的健康需求为出发点，为客户打造覆盖健康教育、健康咨询、视频问诊、健康检查全流程的健康产品和服务体系，在健康咨询、疾病预防、就医服务、康复护理等方面实施健康管理。需要深入推进分子生物学、医学影像学和可穿戴设备等医疗科技的广泛应用，推进人工智能在医疗领域的应用，在高度重视被保险人隐私保护的基础上，加强对以电子病历和个人健康档案为重点的医疗大数据的挖掘和应用。要探索建立商业保险信息平台，加大医疗和保险数据的共享力度。要进一步优化商业健康保险的税收优惠政策，提高个人购买商业健康保险的个税抵扣额度，提高开展税优健康险保险机构的税收优惠水平。

在发展个税递延型商业养老保险方面，原定试点期为一年，但至今已试点超期两年多，投保人数和投保额都不尽如人意。目前，绝大部分纳税人使用3%和10%两档税率，即使按照自交上限1 000元计算，月收入2万元的参保人只能享受100元的税收递延，领取期实际税率为7.5%，优惠力度不大。另外，报审和操作程序复杂，也影响投保意愿。下一步，需要积极建立个人退休账户制度，账户封闭运行，缴费享受税收优惠，自主投资金融产品，退休后从中领取养老金。还需要进一步提高税收优惠力度。与欧美不同，我国税收以间接税为主，个税占比较低，客观上实施税收优惠的空间受限。但是，需要积极创造条件，进一步提高缴费期和领取期的税收优惠水平。还需要加强对养老保险产品的规范管理，统一标准，严格监管，促使保险公司开发和运营真正具有养老功能的保险产品，覆盖商业养老保险、公募基金、银行理财等多项金融投资标的，满足投保人对养老资金安全性、收益性和长期性的需求。

在保险业投资参与养老产业方面，也面临许多困难和挑战，主要是：一方面，跨界投资专业性强，专业人才缺乏；另一方面，投资期长、投资额大、流动性风险突出。今后，需要进一步加强政府对保险投资养老产业的总体规划和政策支持。需要根据地方经济社会发展规划，制定相应的保险养老产业发展目标，据此进行适度的土地供给。可以采取租赁、先租后让等方式供应土地，降低养老用地成本，对养老设施实施税收优惠等支持发展政策。保险机构需要根据自身情况，灵活多样地确定投资介入养老产业的规模、渠道和方式，直接投资并经营管理养老社区并非唯一选择。重资产模式资金投入量大，投资回收期长，流动性压力大，盈利模式复杂，复制难，但能够形成规模经济，能够提高服务效率，能够推动养老产业链的形成，并促进养老产业与保险主业协同发挥作用。轻资产模式则投入资金量小，容易操作，流动性风险小，可以复制，但不易形成规模经济效应，对养老产业链的介入深度有限。保险机构应立足自身实际，选择适合自己定位和发展方向的方式方法，投资介入养老产业。还需要加强相关保险产品的开发，做好风险管控，有效控制风险。需要通过内部培养和外部引进相结合的方式，强化既懂保险业务又懂养老产业的复合型人才队伍的建设，为打造康养大生态奠定人力资源基础。

第二篇

碳金融——东北经济高质量发展的优势选择

碳金融与东北经济转型发展与机遇

张建平
商务部国际贸易经济合作研究院区域经济合作研究中心主任

一、"碳金融"提出的背景和含义

碳金融提出的背景比较久远，标志性事件是1992年6月联合国地球首脑会议，后来紧接着是在全球21世纪议程指导下，150多个国家签署了联合国气候变化框架公约，此后开启了漫长的气候变化谈判过程，公约设定2050年全球温室气体排放减少50%的目标。

对于气候变化，笔者硕士论文曾分析过西辽河流域生态变迁，当时的结论是当地生态恶化是由人类经济活动所导致的，而有教授认为西辽河流域的生态跟当地的气候有关系，是自然决定的。时过境迁，由于联合国已经确认了气候变化受到了人类经济活动的干扰，所以生态的变化、地球的变化，也是由人类经济活动所决定的。为了将来地球的可持续发展，所有的国家都应该为防止气候变化做出努力。

1997年的《京都议定书》是一个非常重要的节点性的文件，因为它设定了发达国家在既定时期，即2008—2012年的温室气体减排目标，特别重要的是建立了降低各国实现碳减排目标成本的市场机制：一是国际排放贸易机制IET，二是清洁发展机制CDM，三是联合履行机制JI。以国际协议的形式来限制温室气体的排放量，催生出以二氧化碳排放权为标的的交易市场，这是讨论碳金融非常重要的一个组成部分。

2000—2007年的若干次气候变化谈判，一次一次不断深入，在2009年哥本哈根的谈判中，当时金砖国家形成合力，抱团与发达国家谈判，美国强闯金砖国家的会场，希望对话和磋商。后来就有了《巴黎气候变化协定》，最终形成了各国对未来防止气候变化的重要承诺，也为碳金融提供了一个非常重要的前提条件。

碳金融其实是一个非常复杂的体系，是与碳排放权交易相关的各种金融交易活动和金融制度安排的总和，主要是利用市场机制控制和减少温室气体排放，推动低碳绿色发展。在减排目标的要求之下，碳排放权将会成为稀缺商品，碳资产成为自然资本的有机组成部分，应当作为生产要素来看待。

对东北而言，振兴东北的任务非常艰巨，现在东北的经济增长速度低于东中西三大区块，另外根据第七次全国人口普查结果，东北人口流出规模比较大。未来新的增长点在哪里？东北的自然资本、碳资产应该是可以在其中发挥支持作用的，是非常重要的生产要素。碳市场建立以后，可以发挥碳资产价格发现作用，促进资源更高效地配置到减排项目和企业中。

二、碳金融在"十四五"规划中的要求

在"十四五"规划中，国家经济发展的指标基本都是预期性和指导性的，但是生态和低碳节能指标都是约束性和强制性的。节能减排指标已经成为考核地方政绩非常重要的"一票否决"式的指标，有利于未来发展碳市场和碳金融。

在应对气候变化方面，中国不仅有2030年的碳达峰目标，也有2060年的碳中和目标，两大目标的实现需要在工业、建筑、交通等各个重点领域推进，特别是碳强度比较高的重点行业需要努力推动低碳绿色发展。当然，国家层面也非常需要完善和出台相关的新政策法律体系。国家已经有了资源税和环境税两个税收

体系，最近欧盟也提出了新的"碳边境税"的调节机制CBAM。笔者参与了相关的一些研讨，发现欧盟铁了心要搞碳关税。美国曾经搞过，但是国会没有通过，法案就搁置了。欧盟计划在未来两三年进入实施轨道。如果中国很多产品没有在国内征碳税，那么出口到欧盟，就要迎来碳边境调节关税的措施。这一点对下一步相关产业的发展，包括碳金融的发展，都是一个新的变量因素。

三、碳金融在中国的实践基础

欧盟是一个发达经济体，在低碳绿色领域中的理念、政策以及相关市场工具都比较超前，比如可持续发展概念来自挪威，低碳经济概念来自英国。几年前，欧盟在航空领域曾经试图推行碳税。在2020年新冠肺炎疫情大流行期间，也推出了绿色新政。欧盟得益于先进的理念以及比较完善的政策法规和市场工具，在推进绿色发展方面处于全球领先位置。

2003年，美国成立了芝加哥气候交易所，包括六种温室气体排放权交易市场，涵盖注册系统、交易系统、清算和结算系统。虽然美国民主党和共和党在气候问题上的立场截然相反，美国前总统特朗普主导退出《巴黎气候变化协定》，但现在美国民主党在气候变化问题和环保问题上的态度其实是有利于开展国际合作的。美国现任总统拜登上任以后，与习近平主席第一次会面就是在气候峰会，实现了首脑之间的对话。目前，我国全国性碳排放权的交易试点于2021年开始运营，试点的八个地区基本上都分布在东部沿海发达地区，西部地区只有重庆，此外海南刚刚设立了一个新的交易所。中国的人口集中度、经济总量、经济活跃度、外向度和国际化程度比较高的省市都是在东部地区，而很多能源重化工产业在东北和华北地区比较集聚。因此，在碳市场不断发展的过程中，东北的企业会有很多的交易机会。

上海是我国建设碳金融市场非常早的城市，2008年上海环境能源交易所在上海进行碳交易试点。上海也是我国的国际金融中心，金融业态比较丰富，多层次的资本市场也在不断发展，所以未来探索碳金融的现货远期以及支持碳基金、碳债券、碳保险和碳信托等金融创新，上海无疑是条件最好的，也是未来市场潜力和空间特别大的城市。围绕碳金融和绿色金融，相关的专业金融服务机构和绿色发展基金也会逐渐发展起来。探索气候投融资试点以及支持金融机构开展气候投融资业务也会变成新的发展方向。

2018年，中国科技部设立了一个国家重点科技计划——"'一带一路'气候变化国际合作战略研究"，此项研究已经进行了三年，致力于研究在绿色"一带一路"建设中，针对合作伙伴在防止气候变化、适应气候变化方面的庞大资金需求、技术需求，如何通过国际合作拓展更多渠道以满足相关需求。

四、发展碳金融市场的建议

对于未来中国碳金融市场的发展，笔者有以下建议：

第一，需要比较成熟地发展绿色债券，特别是碳中和债。2012年，中国环境与发展国际合作委员会开展了国内第一个关于绿色金融的研究项目，由现任中国人民银行副行长陈雨露牵头实施。因此，对中国的绿色融资、绿色债券的发展，我们有非常多的研究和推进。

第二，要大力推动设立ESG基金，鼓励企业参与ESG基金的设立和相关投资。利用ESG的投资，能够助力环境方面、社会责任方面以及治理方面的投资，能够助力基金等资本市场运作的全面开展，能够让企业更好地在未来的减排和适应气候变化方面得到更多资本市场和金融市场的支持。

第三，建设和完善绿色银行体系。中国现在的金融机构特别是银行，在世界同业中是排在前列的，现在银行业又有了绿色指引和管理体系，如果能够朝着绿色融资方向发展，那么对全球的引领作用是非常重要的。

碳金融市场的发展要围绕碳排放总量控制目标和减排路径具体开展。碳排放总量控制、碳排放权的分配方式和覆盖的对象、提升全球碳市场的流动性，能够扩大碳排放的交易范围和交易规模。另外要不断完善碳市场的监管保障服务支撑体系，让碳市场规范有序地发展。而这需要金融界、行业监管部门以及企业作为利益相关方的积极参与。

五、碳金融助力东北高质量发展的建议

第一，东北完全有条件发挥生态资源优势来发展碳汇项目。近几年，我国持续加大天然林保护，意味着东北在林业碳汇方面已经积累了巨大财富。未来在全国的碳交易市场中，这样的条件有利于东北盘活资产并推进高质量的低碳绿色发展。

第二，在新的形势下，东北未来新的发展一定要着力于推进产业结构变革，形成新业态、新模式和新动能。鼓励高耗能和产能过剩的企业利用碳中和债等融资方式大力发展低碳项目，推动行业的转型升级。东北的旅游资源、文化资源非常丰富，这些都属于典型的朝阳、绿色、无烟产业。在"一带一路"建设和东北亚经济圈建设进程中，东北也要致力于开拓发展，让优势产业拓展国际市场空间，获得新的发展动力。

第三，要优化碳金融的发展环境。在实行低碳减排的背景下，要把绿色低碳经济作为东北未来经济发展的重要方向和优先领域，特别是要加快推进CCER项目建设，充分利用现有资源，改善碳排放指标供不应求的现状，扩大碳排放权交易在东北地区的市场规模。另外，要推动东北地区金融体系的建立和完善，建立更好的市场机制，助力绿色金融产品的不断创新和发展，建立有效的绿色信贷激励机制，让信用体系在东北经济体系中发挥更大的作用，让金融机构在东北经济振兴中发挥重要的支持作用。

发挥区位优势六管齐下
发力双碳机遇振兴东北

—— 东北低碳经济发展路径探讨

宋效军
中国建设银行研究院副秘书长

近日，国函〔2021〕88号《国务院关于东北全面振兴"十四五"实施方案的批复》文件中提出"五个着力"：以改革创新为根本动力，着力破解体制机制障碍，着力激发市场主体活力，着力推动产业结构调整优化，着力构建区域动力系统，着力在落实落细上下功夫，推动东北全面振兴实现新突破。

我国"双碳"目标提出后，经济发展方式加速向绿色化、低碳化转变。东北作为国家老工业基地，对经济产业建设发挥重要作用，同时也是向东开放的新前沿。抓住"双碳"机遇推动东北低碳经济发展，既是实现全产业链、供应链绿色转型的要求，又是维护控碳原则下国际经贸合作利益的需要，更是秉持新发展理念、推进东北全面振兴的战略选择。

推动东北低碳经济发展，应当充分发挥区位特点和优势，六管齐下。

一、推动能源清洁替代，减碳贡献增加

人类生产生活产生的大部分二氧化碳排放来自化石能源的燃烧。要想实现"双碳"目标，能源结构的改革涵盖两个层面：一是提高终端能源消费的电气化水平，即"以电代煤""以电代油"，减少化石能源在终端能源消费中的直接使

用；二是在电力生产环节，推动清洁能源发电对火电的替代，这是从根本上实现能源结构的清洁低碳转型。东北三省二氧化碳排放总量约占全国10%，而地区生产总值仅占全国5%，推动低碳经济，既是"双碳"目标要求，更是东北发展所需。

在清洁能源中，核能发展前景十分广阔。与其他清洁能源相比，核能具有能量密度大、功率高、运输量小、储存占地小的优点。辽宁红沿河核电站是国家"十一五"期间首个批准建设的核电项目，也是中国首次一次同时装机4台百万千瓦级核电机组标准化、规模化建设的核电项目。2021年6月25日，中广核红沿河核电5号机组首次成功并网发电。核能资源十分宝贵，辽宁省要重视对核电站的建设、维护与利用，为国家经济和产业建设提供清洁电力支持。

二、激活森林资源，固碳利用碳汇

凭借巨大的固碳潜力以及成本低廉的特点，森林在碳减排以及生态保护中的作用愈加得到认可。东三省、内蒙古林区贮藏大量优质林木资源，全域森林面积接近9亿亩，森林蓄积量达50亿立方米，约占全国总量的27%，是森林碳汇的天然宝库。目前全国碳交易市场二氧化碳每吨价格大约为50元人民币，根据市场普遍预测，按照目前东北森林蓄积量计算，每年能产生的碳汇量将达到2亿吨左右，折合成经济价值大约100亿元。市场预期未来二氧化碳价格会继续上涨，那么碳汇的经济价值也会随之增加。因此东北可以紧跟生态文明建设和"双碳"目标发展大潮，抓住市场机遇，用好资源禀赋，创新森林碳汇利用方式，积极参与碳汇市场，以碳汇价值替换林木交易价值，打造新的发展点和增长极，使东北林区焕发新的活力和生机。

三、打造生态农业，领全球减碳之先

东北三省是农业大省，耕地面积和粮食产量在全国占比均达20%以上，主要农作物有玉米、稻谷、大豆、春小麦、高粱、马铃薯等。农业也是碳排放量相对较高的行业之一，尤其是在化肥的施用、畜禽养殖、农业废弃物的处理环节产生的碳排放较高。但相对畜牧业而言，农作物种植业的优势在于农作物可以固碳，即农作物可以吸收部分二氧化碳。可以通过探索生态农业、循环农业、有机农业等发展模式，最大程度发挥农业的固碳能力，加强农业废弃物的可循环利用，维持农业生态系统的碳平衡。加强低碳施肥、低碳种植、低碳畜禽养殖技术的研发，提高化肥利用率。提高绿色有机粮食产量，加强粮食深加工、精加工，以此推动居民粮食消费结构的绿色升级。较之同纬度欧洲、北美、日本养牛畜牧，东北农业绿色发展减碳贡献全球领先。

四、支持减碳技术研发，抢占投资机遇

提升减排水平、降低减排成本，根本上在于技术进步，尤其是碳捕集、碳利用、碳封存、氢能储存、核能研发等核心技术的突破。环境治理是全球竞争新领域，二氧化碳排放权更关乎各国发展权，因此掌握核心技术的自主研发能力就是掌握国际竞争话语权和主导权的关键。全球未来二十年绿色发展技术产业投资需要120万亿美元，中国实现"双碳"目标，需要每年投资3.8万亿到6万亿元人民币。东北地区高校和科研资源丰富，在产学研合作方面大有可为，如能抓住减碳产品研发机会，加强绿色低碳核心技术研发与应用，推动农业、工业等生产方式的转型升级，未来在绿色产业领域可能有上万亿元的投资机遇。

五、加强建筑绿色改造，着手城市更新机遇

发展长租房，改造老物业，城市发行不动产投资信托基金，将带给东北先机。除了生产环节的技术研发，还可以致力于对住宅、办公场所的绿色技术改造，加强碳足迹管理。欧洲在推动建筑绿色节能改造方面处于全球领先地位，东北地区与大部分欧洲国家纬度和气候条件相似，在绿色建筑方面大有探索空间。可以利用人为设计和技术改造，集成绿色配置、自然通风、自然采光、低能耗围护结构、新能源利用、绿色建材、智能控制等，最大程度降低能源和资源消耗，实现人文与建筑、自然与科技的和谐统一。

六、注入金融活水，用活乡村振兴、普惠金融政策

要用金融活水推动东北低碳经济发展。要结合东北地区经济产业的实际特点和转型需求，探索出一条具有自身特色的碳金融发展之路。

顶层设计低碳发展东北行动方案。政府部门需推动完善适应气候目标的碳金融制度、相关政策和市场机制建设。对地区和行业碳金融整体规模、比重、结构等问题做出明确规划。基于大连商品交易所的建设经验，推动建立碳排放权交易体系，使政策与市场机制充分融合助推碳减排。要积极参与国家层面关于碳金融规则标准的国际合作和磋商对话，建立碳贸易、碳金融领域的边境调节应对机制，维护自身在国际经济金融交往合作中的利益。

活学活用引入金融活水。要学习推广浙江、广东等国家首批绿色产业改革试验区的经验技术，推动大型绿色环保和低碳改造项目的资金投入，建立激励和惩罚机制，引导市场行为。要用好国家和大型金融机构的惠民金融政策。中国建设银行黑龙江省分行，突破传统思维，运用金融科技赋能普惠金融，依托农业大数据，仅"裕农通"一个产品就给农垦系统农民兄弟带来300亿元信贷资金。

东北金融在"双碳"热中要冷静。金融机构需妥善处理好东北高碳类客户的转型和退出，做好风险防控，尤其不可对当地高碳行业客户直接断贷、抽贷。要以帮助这类客户实现低碳转型为最终目标，建立专业团队，深入了解不同行业的周期规律、资源禀赋和技术特征，分行业、分领域制定转型时间表和路线图，提供专项资金支持其改造升级，并将碳减排情况作为授信依据。要借助数据资源优势和科技手段，建立产业互联网平台，接洽有转型需求的高碳类企业与低碳技术型企业的合作，为企业提供专业化、全方位金融服务方案。对于转型过程中可能面临淘汰或退出风险的高碳客户，要提前做好压力测试、风险评估和有效的风险管控，并建立风险隔离机制，防止单一高碳行业客户退出风险在产业链上的传导。

地方金融要重点支持低碳技术研发的资金需求。城市商业银行要回归本源本地，服务东北。国有金融东北分支机构需承担起支持科技自强、科技兴国的重任，重点支持东北地区低碳技术研发与创新需求。要提升对低碳技术领域的专业化认知，对行业现状、规模、特点、周期规律、投资收益预期与可能的风险点等问题开展专业分析。针对低碳技术研发可能存在的投资规模大、不确定性高、中小企业融资难等问题，适当突破传统金融模式，设立专项资金支持。鼓励风险投资、股权投资等市场发展，充分调动社会民间资本。

好风凭借力，新时代新思维新金融新行动必会带来东北活水和全面振兴！

"双碳"背景下碳金融助力
东北区域绿色发展

王辉军
北京绿色交易所常务副总经理

一、"双碳"目标下的政策要求

习近平总书记自 2020 年 9 月 22 日在第七十五届联合国大会一般性辩论上宣布国家"双碳"目标以来，又进一步提出了中国国家自主贡献新举措，即到 2030 年中国单位国内生产总值二氧化碳排放将比 2005 年下降 65% 以上，非化石能源占一次能源消费比重将达到 25% 左右，森林蓄积量将比 2005 年增加 60 亿立方米，风电、太阳能发电总装机容量将达到 12 亿千瓦以上。十九届五中全会首次将碳达峰和碳中和目标纳入"十四五"规划建议。中央经济工作会议将"做好碳达峰碳中和工作"列为 2021 年八项重点工作之一。中央财经委提出实现碳达峰碳中和是一场广泛而深刻的经济社会系统性变革，要把碳达峰碳中和纳入生态文明建设整体布局。国家相关行动充分表明碳达峰碳中和是我国"十四五"至更长时间内的重要政策导向。

2021 年 5 月 26 日，国家成立了组织落实碳达峰碳中和工作领导小组，提出要发挥好国有企业特别是中央企业的引领作用，中央企业要根据自身情况制订碳达峰实施方案，明确目标任务，带头压减落后产能、推广低碳零碳负碳技术，对于国有企业众多的东北老工业基地而言，这是一个重大的机会。

国家发改委正在研制 2030 年前碳达峰具体行动方案，合理确定主要领域、重点行业的达峰目标。在碳达峰行动方案下，编制出台煤炭、电力、钢铁、石化、化工、有色金属、建材、建筑、交通、民生、农业、农村新兴基础设施等一系列实施方案，形成各领域、各行业、各地方、各层次的政策措施，以及各有侧重、相互补充、有机衔接的碳达峰碳中和"1+N"政策体系。中国气候变化事务特使解振华也提到，我国正制定"1+N"政策体系，以实现"减污"与"降碳"协同为目标。国家发改委、生态环境部、中国人民银行和工信部等多部委相继出台文件，围绕碳达峰碳中和目标的实现做出重要部署。

2020 年 12 月 9 日，中国人民银行行长易纲在新加坡金融科技节指出，将以碳中和目标作为约束条件，进一步完善绿色金融标准。12 月 25 日，中国人民银行货币政策委员会召开第四季度例会，首次提及促进实现碳达峰碳中和目标，完善绿色金融体系。2021 年 1 月 4 日，中国人民银行会议提出 10 项重点工作，落实碳达峰碳中和重大决策部署，位列货币政策、信贷政策之后的第三位，包括完善绿色金融政策框架和激励机制，做好设计和规划引导金融资源向绿色发展领域倾斜，增强金融体系管理气候变化相关风险能力，推动建设碳排放权交易市场，为排碳合理定价，逐步健全绿色金融标准体系，明确金融机构监管和信息披露要求，建立政策激励约束体系，完善绿色金融产品和市场体系，持续推进绿色金融国际合作。中国人民银行连续表态落实碳达峰碳中和目标，可以看出"双碳"目标下的政策举措已从约束性条件上升为引领目标之一，并将落实碳达峰碳中和重大决策部署放在了重要的位置。

2021 年国家发改委在浙江丽水召开了《关于建立健全生态产品价值实现机制的意见》贯彻落实视频会议，指出要构建行之有效的价值核算办法，有效解决"度量难"的问题；要在严格保护生态环境的前提下，充分发挥市场在资源配置中的决定性作用，有效解决"交易难"的问题；要推动正向激励和负向惩罚双向发力，让各方真正认识到绿水青山就是金山银山，有效解决"变现难"的问题；要积极探索完善绿色金融体系，为生态产品价值实现提供坚强资金保障，有效解决"抵押难"的问题。

2020年10月，生态环境部、国家发展和改革委员会、中国人民银行、中国银行保险监督管理委员会和中国证券监督管理委员会联合发布《关于促进应对气候变化投融资的指导意见》（以下简称《指导意见》），从六个方面，即加快构建气候投融资的政策体系，逐步完善气候投融资的标准体系，鼓励和引导民间投资与外资进入气候投融资领域，引导和支持气候投融资地方实践，深化气候投融资的国际合作以及强化组织实施，对气候投融资也做出了顶层设计。同时，鼓励企业和机构在活动中充分考量未来市场碳价格的影响。《指导意见》为后期以碳市场作为气候投融资指明了发展方向。

中国银行近期发布的《全球银行业展望报告》预计，2021年我国绿色金融业务规模有望达到16万亿元左右。绿色金融的规模和市场潜力不可小觑，预计中国绿色金融市场规模或将在2060年增长100万亿元人民币。2020年末，中国绿色贷款余额约1.8万亿美元，绿色债券存量1 250亿美元，规模分别居世界第一和第二，市场主体已发行40多只碳中和债，规模超过100亿美元。

2020年11月8日发布的《零碳中国·绿色投资蓝皮书》识别了再生资源利用、能效、终端消费电气化、零碳发电技术、储能、氢能、数字化等七大最具潜力的零碳投资领域，预计基础设施投资70万亿元。2021年4月15日，易纲行长也指出，预计2030年前，中国碳减排需每年投入2.2万亿元，2030—2060年，需每年投入3.9万亿元，要实现这些投入，单靠政府资金是远远不够的，需要引导和激励更多社会资本的参与。

我国将在下一阶段以更大力度、更快速度推进经济发展方式深刻变革，在以下五个方面全面推动经济高质量发展：

第一，加强目标引领力度。目标愿景已经纳入经济社会发展的总体规划，"十四五"和"十五五"要进一步强化碳强度下降目标。

第二，产业结构优化升级。传统产业要向高端化、智能化、绿色化发展，发展战略性新兴产业、现代服务业、数字经济，打造增长新引擎。

第三，能源体系全面转型。以煤为主的能源格局要彻底改变，风能、太阳能、水能等非化石能源占比要大幅提高，非化石能源到2030年占一次能源消费的比重将达25%左右，未来10年内新增风电和太阳能发电装机量将超过10亿千瓦。

第四，创新技术驱动低碳发展。能源、工业、交通等领域的长期深度脱碳需要突破性技术支撑，数字化、智能化、高速化等新发展浪潮进一步加速低碳发展步伐。

第五，引导资金涌入低碳领域。2020—2050年，需要100万亿元以上投资来支撑能源体系转型，工业、建筑、交通等能源终端需求部门改造投资需求也将超过30万亿元。

二、碳市场与碳金融

全国碳市场的发展，我认为可以分为两个阶段。第一个阶段是2011—2017年的试点阶段：2011年国家发改委宣布在7个省市启动碳排放权交易试点，2016年在四川和福建启动了区域碳市场，一共是7+2家，2017年国家发改委启动全国碳排放权交易市场；第二个阶段是2017年至今的全国统一碳市场建设阶段：在双碳目标的引领下，全国统一碳市场的建设进程大大加快。2021年7月16日，国务院副总理韩正在北京主会场启动了全国碳排放权市场的线上交易，首批仅纳入中国发电行业企业。目前，碳市场主要交易产品包括两个：一是配额市场，即强制减排市场，是指政府依据一定的配额分配方法，向所有参与碳交易的控排企业分配一定量的碳配额，由于不同企业的实际排放量可能低于或高于所分配的配额量，因此配额不足的企业需要向配额富余的企业购买碳配额用于碳排放履约。例如，一个企业被分配了1万吨二氧化碳配额，如果年底使用了1.1万吨，那么就要到市场上买1 000吨，如果使用了9 000吨的配额，多出的1 000吨就可以拿到市场交易，或者留到下一个年度使用。另一个是CCER市场，即中国温室气体核证自愿减排量，是一个碳信用产品，如风电项目、光伏项目、林业碳汇项目产生的碳减排量，配额市场的企业可以通过购买碳信用市场的CCER，按照1∶1的关系进行履约，例如A企业有1万吨的配额，可以买5%，就是500吨的碳信用市场的CCER。

截至2020年12月31日，8个试点碳市场（不含四川）配额现货累计成交4.45亿吨，成交额104.31亿元，市场规模并不大。广东、湖北因市场体量大，累计成交量最高，配额相对较多。北京和深圳没有大型控排企业，配额相对较少，但北京和深圳以服务业为主，市场结构对碳市场的价格有较强的指导作用，因此价格要比其他试点地区相对高一些。

2021年1月5日，生态环境部出台《碳排放权交易的管理办法（试行）》，全国碳市场第一个履约周期正式启动。最初仅覆盖发电行业，随着市场成熟完善，中国碳市场覆盖范围将逐步扩大，最终覆盖发电、石化、化工、建材、钢铁、有色金属、造纸和国内民用航空等八个行业。目前共有2 162家，其中东北三省加上内蒙古约为380家，占2 162家的17.6%，这也说明东北的履约企业相对较多。

预计2020年之后，全国碳市场的配额将达到33亿~40亿吨，覆盖我国二氧化碳排放量的30%左右。根据现有CCER交易规模测算，截至2020年底，全国9家已备案交易机构CCER累计成交量约2.7亿吨。全国碳市场正式交易履约后，每年用于抵消的CCER交易量为1.5亿~2.5亿吨，预计到"十四五"末CCER年度交易规模为13亿~20亿元。

目前地方碳交易试点和全国市场的关系为，发电行业2.6万吨排放以上的企业全部进入全国交易市场，2.6万吨以下的其他行业的地方试点仍然存在，全国碳市场启动以后，地方碳交易试点与全国市场并存。

在碳金融方面，《指导意见》中提出"完善环境权益市场，丰富融资工具，发展各类碳金融产品，促进建立全国统一的碳排放权交易市场和有国际影响力的碳定价中心。有序发展碳远期、碳掉期、碳期权、碳租赁、碳债券、碳资产证券化和碳基金等碳金融产品和衍生工具，探索研究碳排放权期货交易"，该意见反映了碳金融的微观功能包括成本收益转换、价格发现和风险转移，宏观功能包括整体减排成本、技术资金转移、完善金融体系。

基于碳市场的碳金融是碳交易体系与金融结合的产物。根据目前的实践经验，碳金融主要包括三大类：碳市场交易、碳资产融资和碳金融衍生服务。碳金融的两个基本标的是碳配额和碳减排量信用，这两个标的与传统各种金融工具相结合产生了碳金融的各种创新。碳配额和碳减排量由于可交易和可变现，因此可以作为一种资产在信贷市场和债券市场上进行融资。碳资产融资模式包括配额质押、碳减排量质押、碳债券（基于减排量）等，组合交易模式主要为现货交易+远期回购交易。

三、区域绿色高质量发展路径分析

绿色高质量发展路径一共分为五个层次，每个区域、行业的发展，基本上都要遵循这样一个基本规律：第一，行业碳核算标准、绿色评价体系制定，开展碳排放核算及清单编制。第二，挖掘减排潜力，提出区域、行业、企业碳达峰目标及碳中和路线图。第三，识别绿色减排举措，开展绿色绩效评估及量化。第四，借助环境权益交易市场发展机遇，开发碳资产项目，实现碳收益。第五，将碳资产与绿色金融结合，设计绿色金融一些相关的产品，助力绿色发展。

北京绿色交易所在国家绿色金融行业标准里主要承担了环境权益融资工具的标准制定和开发工作。碳金融在区域高质量发展中的重要作用体现在两方面：一方面是碳市场的碳价格发现功能，引导区域绿色产业发展，驱动企业选择清洁能源，开展节能降耗行为；另一方面是区域在高质量发展中，通过开展绿色评价、绿色量化，将绿色减排效益开发成碳资产、绿色资产进入碳市场，通过各类碳金融创新手段开展绿色创新，为绿色贷款、绿色债券等提供绩效评价，让资金流向绿色项目、绿色产业。

在"双碳"目标的背景下，未来金融机构发力绿色资产，需在减污、降碳、增绿和防灾四个方面寻求机会。全国碳市场启动以后，允许企业有5%的抵销比例用在农业、造林、碳捕集、能源工业、能源配送、能源需求、制造业等方面。绿色资产项目来源将重点关注新能源、碳汇和甲烷回收利用，金融机构都应围绕这些行业和企业进行投资，做出具体的量化安排。

"十四五"是重要的"关键期""窗口期"，要在2030年实现碳达峰并逐步降低碳强度，到2060年实现碳中和的远景目标，"十四五"时期，建议地方政府从以下几方面入手：

一是统一认识，用碳中和的理念引领工作部署，制定中长期绿色发展及碳减排规划；二是了解国家及行业激励或约束政策，为区域发展明确导向，预判能源结构和供需状况，建立碳资产管理制度；三是通过技术创新，给出区域碳达峰路线图，提高绿色管理能力，尽早达到碳中和；四是进行产业布局，实施目标导向，通过碳达峰碳中和指标倒逼区域绿色发展。

归结起来就是，理念引领达峰，政策引导达峰，技术驱动达峰，布局利于达峰！

以"碳金融"为抓手，助推
东北振兴和经济高质量发展

王为强
中国工商银行原监事长

力争2030年前实现碳达峰，2060年前实现碳中和，这既是一场任务艰巨的世纪大考，同时也是新时期中国经济转型升级的难得机遇。"双碳"目标于东北三省来说，既是挑战又是机遇。要实现"双碳"目标，离不开经济、产业结构的调整和发展方式的转型升级，更离不开金融特别是碳金融的支持。

东北地区在新中国成立以后很长时期是"中国重工业的摇篮"和翘楚，我国绝大部分工业都集中在东北三省，东北也为我国工业现代化做出了重大贡献。但改革开放以来，尤其是1998年以后，东北地区的经济增长动能不断衰减。2016年，新一轮东北振兴再启航，中央连续发布多个重要文件，特别是《东北振兴"十三五"规划》等政策纷纷落地，东北经济逐步出现回暖迹象。但由于多种因素，目前制约东北振兴的问题仍较为突出，诸如：经济增长速度慢，在近三年的地区生产总值增长速度排名中，东北三省长期位居全国的中下游；行政效率低、体制僵化、国企发展动力不足；产业结构以重工业为主，主要以钢铁、石油、化工等高碳产业为主导产业，导致不少国有企业成为碳排放大户；制造业创新发展不足，尤其是中小企业创新能力仍然较弱，产业内的创新仍以"引进"为主，自主创新力不适应高质量发展的要求；人口流失，尤其是人才流失，使本地的科技人才队伍的创新力逐渐下降，加之科技创新投入不足，因而成为制约东北经济创新不足的主要因素。

因此，东北振兴实现经济高质量发展需要在多方面采取可行措施，金融就是其中尤为重要的一环。从金融因素看：一是东北产业结构失衡是主要问题，在重工业的发展过程中，缺少对第三产业的发展和对第一产业的升级，三个产业之间缺少关联性，没有形成内部拉动效应，反而呈现很强的非均衡发展模式。在第三产业众多行业中，零售业所占比重较大，金融业、科技行业、新兴产业的占比相对较小，不利于产业结构向高度化方向发展。二是东北老工业基地的国有企业在新的市场环境下缺乏竞争力，加上沉重的历史和社会包袱、经营效益低下，导致银行很多不良贷款比率一直高于全国平均水平，致使东北地区整体经济始终在金融高风险区的边缘运行。我国实体经济在向低碳过渡，而东北地区的国企多为高耗能、高污染的企业，要向低碳过渡仍然需要大量的资金支持。三是我国金融机构在发展碳金融过程中也面临一些制约因素与挑战，如法律体系不完善，中介市场发展不全面，相关人才建设滞后，碳金融产业创新不够，缺少国际话语权和定价权等等。

以经济高质量发展助推东北振兴的核心是使东北的区域吸引力在全国经济地理格局中重新处于优势地位。为此，要坚持新发展理念为根本导向，追求整个地区经济发展质量和综合实力的提升。应将传统产业的转型升级和新兴产业的培育发展有机结合，将落后产能的淘汰关停与先进产品的引进布局有机结合，将企业自主创新与技术外部引入有机结合，着力形成双循环发展格局，特别是在维护国家粮食安全（占全国20%）、能源安全（占全国24%）、重工业体系集聚地等方面发挥重要作用。

一、以碳金融发展助推东北老工业基地转型

碳金融是指对与碳排放有关的碳排放权及其衍生品进行交易或投资，包括与碳排放权有关的期权、期货、基金的交易、绿色信贷等等。

目前，由于我国南北经济发展水平差距很大，而东北地区发展水平明显低于

长三角、珠三角和京津冀等区域，碳金融的发展更加缓慢，且收效甚微，为振兴东北经济，对碳金融问题的研究将更加迫切。碳市场归根到底是金融市场，对于推动东北振兴来说，金融因素在促进东北经济发展上发挥着重要作用。

（一）要制定相关政策鼓励碳金融快速发展

为应对国外碳金融业务的快速发展，我国在碳金融业务方面也进行了创新实验，出台了许多政策，鼓励金融业通过信贷支持产品结构调整、优化信贷结构，提高信贷质量，增强全面风险管理能力和可持续发展能力，大力支持发展清洁能源，为环保、节能、绿色交通、绿色建筑等领域的项目投融资、项目运营、风险管理等提供金融服务。2020年由于疫情的影响，我国绿色金融市场发展速度有所下降，整体规模约为13.7万亿元。2021年以后，碳金融市场需求规模预计增长在10%以上。到2025年，市场规模预计将达到23.6万亿元。碳金融发展空间巨大，有望驶入快车道。

（二）要加快创新碳金融业务模式

碳金融巨大的金融商机将会不断吸引商业银行纷纷运用融资、中介服务、成立低碳基金、保函保理等手段开展碳金融业务，提高银行竞争力。主要有：融资支持用于解决低碳经济发展中的资金短缺问题，包括CEPS收益权质押贷款、有追索权保理融资、CDM所需设备的融资租赁的具体形式；财务顾问服务是提供项目咨询服务，协助国内企业寻找合适的投资方式或匹配国外CER的购买方等；账户托管服务是满足碳交易资金管理需求，适应买家、卖家和中间商对资金监督、汇划需要推出的金融服务。

（三）要利用市场机制加快完善碳金融体系

碳金融业务的发展离不开碳交易市场的整体发展。商业银行要积极利用市场机制、综合债券、票据、股权、信托等信贷以外的融资工具，同时逐步引进风险投资和私募基金投资，形成多元化投资格局。还要逐步与发展起来的国内碳排放权交易机构合作，创新金融产品，如以结算和代理业务为突破口，协助建立较完善的交易制度，并适度推出碳交易衍生工具，以此提升中国在全球碳交易市场的定价和议价能力。目前，北京、广州、上海、天津以及徐州等城市已初步建立了碳交易市场，并开发了部分绿色金融服务项目。东北三省应尽快建立碳交易市场。

（四）要对碳金融产品不断进行创新

金融机构可根据企业的信用和节能环保技术划分出不同级别并建立相应的数据系统，为信用良好、有节能低碳环保的技术或专利的、有发展前景的大中小企业提供利率低、期限长的贷款；对于信用较差的、风险较大且发展前景不太好的大中小企业实施利率高、期限短的贷款。要尝试并研发之前不敢涉猎领域的碳基金、碳证券、碳信贷等衍生品，逐步保证所有种类标的都有相应的碳金融产品。

（五）要改善营商环境，加大政府的支持力度

营商环境对于东北振兴的重要性已经成为一个十分现实的问题。要把解放思想作为优化营商环境的重要抓手，深入贯彻习近平总书记的东北重要讲话精神，开展解放思想推动高质量发展工作。同时，应强化适应营商环境的制度创新，从顶层设计到基层执行都应该是系统联动的，所有层次和环节都必须是互相支撑的，均以方便经营者为出发点。因此，从经济组织和营商环境来看，助力东北振兴，实现经济高质量发展，应该继续深化国有企业改革、大力发展民营经济和实现体制机制创新，激发经济活力。

二、着力推动直接融资、风险投资等资本市场的发展

与银行间接融资相对的是资本市场直接融资。资本市场特有的机制，包括对未知风险的定价，对转型创新的激励相容，公司治理和公众监督及风险共担和利益共享等，有利于促进资本向创新经济聚集，从而促进经济高质量发展，提升经济运行效率。东北三省的企业在资本市场直接融资规模较全国平均水平低很多，例如在目前A股3 600多家上市企业中，东北三省的企业只有150多家，占比仅为4%，而深圳市的上市企业就超过300家，是东北三省的2倍。无论从上市企业

的数量还是从融资金额来看都有很大的发展空间。对于东北三省优质企业来说，要改变融资理念，积极争取利用直接融资市场，并借此提高公司治理水平和经济绩效。

东北三省的高新技术和创新型企业，还要主动利用风险投资基金。风险投资基金不需要企业的资产抵押，其目的就是在承担高风险的同时追求高收益，是适合初创的高新技术企业和轻资产的创新型企业的融资渠道。近年来，投资基金在东北三省稳步发展，还应继续加大力度，以对新兴产品发展和传统产品升级发挥较强的拉动作用。

还要充分利用私募基金和债券市场进行融资。要建立和运用"真私募""真基金"为企业和项目融资服务。债券融资具有期限较长、资金使用限制较少的特点，高质量企业一般不需要抵押担保。因此，对东北地区的企业，要充分利用债券融资的这些特点，在银行信贷以外积极开辟融资渠道，为企业发展提供资金支持。北京证券交易所的成立，非常利于科技创新型中小企业融资与发展，东北三省要抓住时机，服务督促科技创新型中小企业在新三板挂牌上市，拓展直接融资渠道。

三、银行业要为产业结构优化提供持续性支持

金融发展与产业优化之间存在很强的关联性。近年来，在东北振兴过程中，东北地区各级政府也推出大力支持金融发展、放宽行业进入准则、降低信贷融资标准、增强跨地区金融合作的一系列政策，为东北三省的金融发展营造了良好氛围。同时，作为第三产业的重要组成部分，金融体系发展对东北地区的产业结构调整有重要的带动作用，有助于传统产业转变发展方式、发展新型产业，推动东北三省攻克难关，跨越经济"瓶颈期"。东北地区经济发展面临困难与问题，尚需多方努力，通过金融为产业结构优化培育多元化路径。目前，东北地区的银行机构较多，门类也较为齐全，有较大的金融支持潜力。银行业要积极支持传统制

造业转型升级，由"低端"向"高端"转型，由"制造"向"智造"升级。在支持高端制造业、民营企业贷款方面"做加法"，在不良贷款处置方面"做减法"，坚持稳中求进，支持东北振兴。要给地方性银行出台定向优惠措施，促使提供优惠利率再贷款；要鼓励银行与企业建立长期的战略合作关系；地方政府出资的担保机构及担保基金，要为具有发展潜力的企业贷款提供担保，降低银行的贷款风险，提高企业贷款的可行性并降低贷款成本。要继续着力支持中小企业的发展和纾困，促进经济稳步高质量发展。

第三篇

健康养老——东北经济可持续发展的机遇和挑战

发展商业健康保险
助力经济转型升级

龚明华
中国保险学会党委副书记、副会长

保险行业作为提供经济社会保障的特殊行业，在经济社会发展中发挥着"安全阀"和"稳定器"的作用。保险业自身的发展也是经济增长的重要动力之一，是产业结构升级的重要标志之一。保险业的业务活动具有较强的外部经济效应，通过保险产业链能带动一大批相关产业发展。

一、商业健康保险在助力经济转型升级方面发挥着重要作用

2020年，我国商业健康保险原保费收入达到8 173亿元，同比增速为15.67%，成为增速最快的险种。2021年1—7月，我国商业健康保险原保费收入继续快速增长，达到5 717亿元。长期健康保险为参保人群积累了超过1万亿元的风险保障基金。在售的商业健康保险产品品种超过5 000个，涵盖疾病预防、医疗服务、生育保障、医药供给、失能护理、健康管理等领域。商业健康保险在完善医保体系、支持健康产业发展、助力经济转型升级方面发挥了以下重要作用。

一是保险业发挥风险防范和风险保障功能，起到经济"减震器"和社会"稳定器"的作用，健康保险在这方面的重要性不言而喻。二是保险业作为金融业的重要组成部分，其发展既带动了经济增长，也促进了产业结构升级。健康保险作为增速最快的险种，其快速发展既重塑了行业业态，也为经济高质量发展注入了

新的活力，其重要性日益凸显。三是保险机构转型发展，推进"健康保险+健康管理"，服务于国家"医养结合"和"健康中国"战略规划，延伸健康保险产业链，带动相关产业的发展，直接促进经济转型升级。

二、商业健康保险在发展中存在一些短板和不足

一是产品结构不尽合理，产品同质化倾向明显。目前我国商业健康保险以费用补充型为主，主要是重疾险，而失能收入损失险、长期护理险发展不足，与人口老龄化、慢性病多发的社会环境不相适应。在售的产品主要是一年期的短期健康险，不能很好发挥保险的长期保障功能。由于商业健康保险产品设计按照人身险的开发思路，又缺乏相关基础数据，产品同质，创新不足，相关产品在保险责任、附加服务等方面差别不大。

二是运用新技术手段推进健康保险服务还处于起步阶段。保险机构与医疗机构、医保部门之间还没有实现数据共享，不同疾病发生率、医疗费用、生活行为检测等基础数据不足，基于远程医疗、可穿戴设备提供健康管理服务还需要大力推进。需要通过大数据等新技术手段的广泛应用去实现产品创新、服务创新和管理创新，提供远程健康管理与救助服务，为客户提供个性化和有针对性的健康管理、疾病预防和治疗解决方案。

三是商业健康保险机构的转型发展仍需持续推进。目前商业健康保险机构的健康管理服务主要体现在病后诊疗、用药服务等方面，还没有拓展到对客户病前健康状况的动态把握，"防未病"更无从谈起。不少健康保险机构还没有建成连接健康产业上下游的完整产业链，与其他相关机构的合作还亟待加强。

三、进一步发展商业健康保险的措施和建议

一是要强化商业健康保险的保障功能，使保险姓"保"，回归本源。健康保

险的保障作用并不仅是经济方面的补偿，更应当做好保障人群范围的扩展和健康水平的提升。需要丰富商业健康保险产品，积极与基本医疗保险相衔接，可通过政府购买方式委托商业保险机构开展医疗保障经办服务。需要推动健康保险与健康管理的融合发展，解决带病人群的保险保障难题，并在动态把握客户健康状况的基础上，进行产品和服务创新，提高健康服务的针对性和有效性，降低疾病发生率。

二是要推动商业健康保险机构转型发展，推广"健康保险+健康管理"的经营模式。美国在20世纪90年代实现了健康保险的转型，即由传统的费用报销模式转变为管理式医疗融入保险模式，拓展了保险服务内涵，促进了医疗资源合理使用，其经验值得借鉴。健康服务应以满足客户的健康需求为出发点，为客户打造覆盖健康教育、健康咨询、视频问诊、健康检查全流程的健康产品和服务体系，在健康咨询、疾病预防、就医服务、康复护理等方面实施健康管理。

三是大力推进科技赋能背景下的保险行业产品、服务和技术创新。保险与科技的融合发展是行业发展的新趋势，也为行业发展提供了新动能。第一，保险与科技的融合发展促进了保险产品的创新。通过大数据、云计算、物联网、人工智能、无人机等技术的应用，加快推进了农业保险、责任保险、健康养老保险、巨灾保险等领域的产品创新，可以将很多碎片化的风险需求聚集在一起，使得保险能够满足更多金融消费者的需求。第二，保险与科技的融合发展拓宽了保险销售的渠道。保险公司通过线上发展、数字化发展，大幅提高了保险营销的广度和深度，降低了运营成本。2020年，互联网财产保险累计保费收入797.95亿元，互联网人身保险业务累计实现规模保费2 110.8亿元。第三，保险与科技的融合发展促进了保险公司内部管理的优化。保险科技有助于提升保险机构的定价能力和承销能力，完善基于传统精算理论的风险评估和定价模式。保险科技通过对客户数据的深入挖掘，能从精准定价、风险识别、自主理赔、成本管理、优化流程等方面完善内部管理，提高经营效率，增加盈利空间。第四，保险与科技的融合发展促进了普惠金融的发展。保险科技既拓宽了保险覆盖层面，也提高了保险覆盖深度。通过产品设计和精准报价，开发小额、低价、简捷、个性化的保险产品和服务，降低保险产品购买门槛，可将保险覆盖到中低收入金融消费者群体。保险科技还可以利用现有渠道精准营销，增加客户黏性，满足客户全方位的金融需求。科技赋能给健康保险机构在客户、渠道、运营、产品、风控、系统等各个层面都带来深刻的变革。需要深入推进分子生物学、医学影像学和可穿戴设备等医疗科技的广泛应用，需要在计算智能、感知智能和认识智能等三个层面推进人工智能在医疗领域的应用，需要在高度重视被保险人隐私保护的基础上，加强对以电子病历和个人健康档案为重点的医疗大数据的挖掘和应用。可以预测，新技术应用将推动保险机构对产品、营销、承保、理赔、服务等全流程的再造，促进其专业服务能力的有效提升。

四是多方合作形成合力，进一步优化商业健康保险发展的外部环境。要探索建立商业保险信息平台，加大医疗和保险数据的共享力度。与此同时，为保证医疗数据收集和使用的规范性和安全性，需要加强对医疗数据运用的监管，制定数据处理政策和安全准则，确保金融消费者个人隐私免于被不当使用。要进一步优化商业健康保险的税收优惠政策，提高个人购买商业健康保险的个税抵扣额度，提高健康保险机构的税收优惠水平。

从健康养老看东北经济
发展机遇

朱进元
中国银行保险传媒股份有限公司党委书记、董事长
中国农村金融杂志社党委书记、社长

一、东北振兴意义重大

东北地区包括东北三省和内蒙古自治区东部五盟市，是我国重要的工业和农业基地。在新中国成立初期，东北地区是我国最重要的工业和农业基地，在维护国家国防安全、粮食安全、生态安全、能源安全和产业安全方面发挥了十分重要的作用，地位非常重要，其发展关乎我国发展大局。东北地区有着非常辉煌的历史，在新中国成立后，国家集中力量在东北地区布局建设了一大批关系国民经济命脉的战略产业和骨干企业，为我国形成独立完整的工业体系和国民经济体系做出了历史性的重大贡献。现在东北地区也在积极地发挥传统的优势和文化底蕴，而且在新的历史建设时期要发挥更大的作用。

改革开放之后，东南沿海地区抓住机遇大力发展市场经济，经济蓬勃向上。与此同时，东北老工业基地的体制性、机制性、结构性的问题却日益凸显。党中央历来高度重视东北地区的发展，2003年做出实施东北地区老工业基地振兴的重大战略决策，出台了一系列支持帮助推动东北地区振兴发展的政策措施。党的十八大以来，习近平总书记也多次赴东北地区视察，多次召开专题研讨会，对东北全面振兴做出了系列重要讲话和指示批示，充分体现了以习近平同志为核心的

党中央对东北全面振兴的高度重视和殷切希望，为新时代推进东北全面振兴提供了根本遵循。在各方面的共同努力下，东北地区经济运行可以说是逐步企稳，营商环境也在逐步优化。

二、东北振兴新形势下发展养老产业的重要性

目前东北振兴仍处于爬坡过坎的关键时期，2021年8月23日李克强总理主持召开国务院振兴东北地区等老工业基地领导小组会议，研究部署"十四五"时期东北全面振兴工作。李克强总理说，东北振兴说到底是要更好保障和改善民生。我想这也是我们党推动经济社会发展的出发点和落脚点。谈到民生就要谈到健康和养老。健康和养老既是增进民生福祉、改善人民生活品质的重大民生课题，又是东北地区实现高质量发展的重要切入点之一。健康养老产业是东北地区发展面临的一次新的机遇，我认为健康养老产业在这样的一个历史时期提出来，它既是改善民生的需要，也是东北经济快速发展需要抓住新机遇的一个契机和切入点。

三、东北地区发展健康养老产业的迫切性

东北地区人口结构老龄化严重，造成这种状况的原因是多方面的。首先是生得少，东北三省综合生育率自2000年开始持续走低，长期低于全国平均水平。其次是活得久，从平均寿命周期看，东北三省明显高于全国，全国平均寿命不高于78岁，东北三省有两个省是80岁，一个超过79岁。最后是流失得多，东北三省当前是人口净流出省份，流出的大部分都是青壮年、高知识层面的劳动力人口。

老龄化是社会的深刻变化，是东北三省一个不争的事实，对东北三省的社会保障体系构成了严重冲击。一方面随着老年人口数量的增加，健康问题日益突

出，对医疗保障和健康管理的需求扩大。另一方面养老需求也日益加大，除了对养老金的需求之外，更有对养老服务的需求，这些都不可能完全依靠社保来解决。东北财经大学前校长吕炜同志提出，"十四五"时期东北地区全面振兴所要解决的核心问题是处理好政府和市场的关系，让好项目、好投资扎根在市场机制的沃土上，政府与市场两种力量要在康养领域相辅相成、相互促进、互为补充，这是解决好东北人民福祉和促进东北人民抓住这一轮发展机遇的重要一环。

四、东北发展康养产业的建议

东北三省有优质的自然资源和生态环境，目前东北康养产业的发展主要依托于此，发展重心有森林康养、旅居康养。东北三省还有非常丰富的海洋资源，沿海的一些地方气候湿润、温暖，也特别适合发展康养产业。虽然东北三省康养产业仍然处于起步阶段，但是一些地标性的康养基地已经初具规模，比如辽宁的清河园养老产业园、黑龙江的星源国际康养中心，都在全国形成了一定的品牌效应。实际上，东北三省这些年人口流出，有青壮年的流出，还有一些老年人跟随流出的子女离开了东北。发展康养产业，流失出去的人口和现有东北人口都是重要市场。因此，东北发展康养产业，既有资源优势也有市场优势。

建议东北在发展康养产业时要加大与银行业、保险业的合作，利用这些资源机构的优势和金融手段促进行业产业创新发展。比如与保险机构合作，保险公司在参与构建康养产业体系方面具有独特的优势，首先保险公司可以通过不同类型的保险产品解决不同层次客户未来长期的养老和健康资金的需求，其次保险公司是个人和家庭医养资金的重要支付方，是企业和政府采购养老和健康保障计划产品的提供方，最后保险资金具有长期性和稳定性以及低成本性等特点，能够为养老产业、医疗健康产业的发展提供融资支持。

十年来，保险机构在办理养老社区上积累了丰富的经验。截至目前保险机构投重资打造的养老社区开业已经有20多家，险企开办的养老机构已经覆盖多个城市，方便老人"候鸟式"养老，比如夏天住在东北凉爽宜人，冬天入住海南温暖舒适。位于沈阳的泰康之家沈园计划于2021年底开业，沈园是东北三省首个大规模全功能国际标准的持续照顾医养社区，登记入住人口已经超过100多人次，同时大型保险公司经过几十年的积累，沉淀了大量的客户，为这些养老机构提供了潜在的客户资源。现在旅居式养老非常流行，什么季节什么地方好，就聚集到什么地方。东北有得天独厚的气候和资源优势，并且是不可替代的，有极大的吸引力。

老龄化催生出多层次、多样化的养老需求，目前国家非常关注普惠养老服务。所谓普惠养老服务就是在基本养老服务以外面向广大老年的、靠市场供给、由政策引导的一种服务。为了扩供给、强弱项，发改委联合民政部、卫健委旨在通过"推进城企联动普惠养老专项行动"，满足广大老年人的养老服务需求。发改委与国家开发行、农发行、工商银行、中国银行以及光大集团等金融机构签订了战略合作协议，支持专项行动，进一步降低了养老机构的融资成本。这一专项行动将持续到2022年，东北地区应该抓住这个机遇发展普惠养老。

东北地区还应该抓住长期护理保险试点制的机遇，2016年人社部印发了《关于开展长期护理保险制度试点的指导意见》，明确15个城市作为试点。2020年国家医保局同财政部印发了《关于扩大长期护理保险制度试点的指导意见》，试点扩围至49个城市。黑龙江的齐齐哈尔市，吉林的长春市、吉林市、通化市、松原市、梅河口市，辽宁的盘锦市都是试点城市。2021年5月中国银保监会办公厅发布了《关于规范保险公司参与长期护理保险制度试点服务的通知》，目的是进一步推动保险业做好长期护理保险制度的试点工作，规范保险公司的经营行为，切实维护参保群众的合法权益。我国长期护理保险开展的时间并不长，但从试点开展的内容、覆盖的人群、保障的标准和服务项目的设定等若干方面看，对抵御长期护理风险初步建立起了一道屏障，是我国积极应对人口老龄化方面取得的一项巨大进步。试点以来，试点地区建立起的长期护理保险制度对于推动资源优化组合，特别是促进社区、居家照顾能力，推动养老机构和护理机构等产业的发展产生了直接效果，很多试点地区形成了家庭养老、社区助老、机构照护相结合的体系。

　　一些社会机构也在积极地投入养老服务建设。2020年《中国银行保险报》在重庆召开了中国康养30人论坛，举办地就是重庆的璧山养老社区，这是由一家重庆当地机构和中铁联合开发的养老社区，预计有5 000亩的占地面积，大概有2 000亩的绿化和水域面积。虽然真正建成区只有2 000亩，但该养老社区的居民反响非常好。所以，除了保险公司在积极投资建设配套养老服务的一些社区，一些社会的其他机构也积极地投入到这一领域，慢慢地会形成一种"百花齐放、百家争鸣"的局面。我认为，这既是保险公司的机遇也是社会其他机构的机遇，还是金融机构为这些领域提供服务的重要的、难得的机遇。相信在大家的共同努力下，全社会养老设施的建设一定会有一个新的局面，而东北地区在这方面也会有更好的发展机遇。

　　但试点也存在着一些问题，由于主要是以医疗保障和财政资金作为主要融资渠道，如果医疗保险金难以盈余，要想维持护理保险制度的持续运行就必须增加财政支出。随着老年人口数量的迅速增加，护理保险基金就有可能面临透支的风险，东北地区老龄化比较严重，所以尤其需要注意这一问题。

　　有人提议，东北保险公司应该根据本地实际情况开发有针对性的疾病保险和普惠的医疗保险，因为不同地区同样的疾病发生率是不一样的。东北地区的特点是处于高寒地带，人们养成了高脂高油高热量的饮食习惯，这种饮食习惯的负面结果是容易引发心血管疾病。东北地区心血管疾病发病率在全国居首位，这一现象值得关注。因此针对这个领域的一些医疗保险和健康保险在东北地区应该是一个重点发展市场，大家在这个方面应该下大力气推动相关的产品服务，更好地为东北人民提供相应的服务保障。有趣的是东北三省人均存款还是比较高的，人均最高的是辽宁省，超过了10万元，吉林和黑龙江也在前十之列。我想原因是多方面的，一方面东北整体经济不太景气，东北人民对未来的预期持保守态度，所以钱紧紧握在手里不舍得花，另一方面也能看出东北地区老百姓在存款方面有一定的积累。

　　有这样一系列外部政策环境，有当地市场需求，有国家转型发展创造的机遇，特别是在养老健康方面出台的政策和市场需求，东北又有得天独厚的资源优势、人才优势和资金优势，这些是东北经济起飞实现快速发展的重要机遇，东北三省应抓住机遇，加快实现全面振兴步伐。

健康养老之案例实操
——给父母一个适老化的家

王友广
甲子养老董事长

中国养老是一个复杂的系统工程，我们抽丝剥茧，其中有七件大事：养老标准、养老大数据、养老平台、养老用品、养老服务、养老金融、养老地产。另一个维度是养老方式，国家倡导的是"9073"——90%居家养老，7%社区养老，3%机构养老。

2020年底，我国60岁及以上的老人有2.64亿人，如果按照3%的标准计算，应该有约790万老人在机构里养老。但根据最近的民政数据，在养老院的老人只有200多万，其中还有一部分是原来农村的五保老人。换句话讲，在机构养老的老人大概是100多万，离"3%"的标准还相距较远，当前主要养老方式还是居家养老。本文的重点是如何服务90%居家养老的老人，给他们一个适老化的家？

居家养老老人面临的主要问题是原来的家装设计已经无法适应老年人的生活需要。比如原来的门可能只有0.8米或者1米宽，过轮椅显得比较窄；还有一些台阶，年轻时可以抬脚过去，年纪大了后就有可能成为致命的摔跤风险点；还有门，尤其是洗手间的门，老人在洗澡时由于门被反锁，发生风险时，外面人很难进去，这种案例时有发生，这严重影响老人意外在洗手间里摔倒时的施救时间。对此，必须对住宅做一些适老化的改造或者适老化的装修。

2020年全国家装行业市场规模大概是2.6万亿元，主要有两类：一类是新人新房，另一类是老人老房。老年人到了65岁左右，老房子就已经不太适合其居住，需要做一些适老化装修。

中国装修市场正处于一个成长期，尤其是一些细分装修市场，比如说适老装修市场，还是一个没有很多人涉猎的市场。所以我们要做的是：如何给居家养老的老人一个适老化的家、一个不会摔倒的家。我们的服务对象包括自理、半自理、失能和半失能老人。适老化装修前和装修后很不一样，很多经过适老化家装的客户给我们一个非常感动的回馈，住在原来的家里可能浑浑噩噩地了却一生，但是通过适老化的改造和适老化装修之后，感觉得到了新生，重新开始生活。

围绕养老的七件事，如何落地到一个城市，让养老产业成为一个城市的国民经济支柱产业？我认为，中国当前养老的主体还是居家养老。大部分老人不愿意离开家，故土难离，尤其是一些老人到了一定年纪之后，当子女把他送到机构养老、送到养老院，尤其是长时间不照看他时，会有一种被遗弃的感觉。所以，国家提出"9073"也好、"9064"也好，核心是"90"，如何把这90%居家养老的客户服务好。

东北老龄化程度较高，辽宁的老龄化率是25.7%，如何把这些老人服务好，让他们感觉到晚年很舒适，进而如果能够以东北为据点辐射到北京，甚至南方，服务全国的老人，这样就会形成一个养老产业。我认为，这是当前健康养老的一个突破口，尤其是在振兴东北的关键时期，健康养老应该是东北重点发展的支柱产业之一。

第四篇

乡村振兴——新发展理念下的东北振兴

努力在东北乡村振兴中更好发挥金融作用

王兆阳
中国农业银行乡村振兴金融部总经理

东北地区是我国重要的工业和农业基地，是全国区域经济发展中的重要"一极"，在国家发展全局中具有重要的战略地位。党中央、国务院立足新发展阶段，做出了东北全面振兴的重大战略安排。实现东北地区的乡村振兴也必将是新时期推进东北振兴的重要内容。金融作为现代经济的核心，在贯彻落实中央决策部署，实现东北振兴中需要发挥应有的作用。具体来看，我认为，金融业在助力实现东北乡村振兴中应该做好以下几方面的工作：

一是助力建好"大粮仓"，切实保障国家粮食安全。东北三省是国家重要的商品粮基地。近年来，东北三省粮食产量占全国的1/5以上，商品粮约占全国的1/4，粮食的调出量约为全国的1/3，国家粮食"压舱石"地位更加巩固。金融业要紧紧抓住种子和耕地两个要害，强化东北地区金融服务，保障国家粮食安全战略。要以粮食生产功能区、重要农产品保护区、特色农产品优势区为重点，大力支持东北地区高标准农田建设、重大水利工程建设等项目。打好种业翻身仗，积极服务生物种子资源库建设、种业基地建设和优质种业企业发展。同时，要加大对农民合作社、家庭农场等新型农业经营主体支持力度，支持粮食作物生产全程机械化，有效满足各类粮食生产相关信贷需求。

二是助力建设"大农村"，树立乡村建设示范标杆。实现乡村建设行动是推动乡村振兴的重要抓手。近年来，国家深入实施东北振兴战略，持续加大投入力度，加快农村饮水、电网、道路、污水和垃圾处理等基础设施建设，着力打造东北乡村振兴"大农村"。金融业要认真落实国家推进东北地区乡村振兴战略要求，围绕重点建设工程，持续加大对东北地区农村水电路气网基础项目的支持力度。要以国家确定的新型城镇化综合试点地区、经济发达地区县域及全国百强县为重点，服务好新型的城镇化建设，推动东北区域城乡融合发展。

三是助力改善"大民生"，推动实现共同富裕。中央始终把保障和改善民生作为东北振兴的出发点和落脚点，在促进就业，加强教育、医疗、养老等公共服务方面做出一系列安排部署。在推进东北全面振兴的新时代，金融机构要积极主动作为，勇担社会责任，发挥金融职能，助力改善民生，推动共同富裕。要紧密对接国家补齐县域医疗卫生服务短板和职业教育、健康、乡村建设部署，大力支持县级医院和乡镇卫生院、县域高中和职业学校、医养结合型养老机构等发展，积极满足城乡流动就业群体和农民进城安家落户及购车等消费需求。

四是助力形成"大生态"，打造北方的生态屏障和宜居家园。习近平总书记强调，良好生态环境是东北地区经济社会发展的宝贵资源，也是振兴东北的一个优势。金融机构要把保护生态环境摆在优先位置，坚持绿色金融理念，不断加大向绿色"三农"、生态安全领域的倾斜力度，锚定"碳达峰""碳中和"目标，强化金融与产业绿色化的协同互动。大力支持大小兴安岭、长白山、呼伦贝尔、查干湖等重要森林、草原、湿地、湖泊生态资源保护，推动寒地冰雪经济加快发展，助力东北地区天更蓝、山更绿、水更清，围绕东北黑土地保护性耕作等一批基础性、长远性的工程项目，加大长期信贷供应，助力保护好黑土地这一"耕地中的大熊猫"。

五是助力打造"大农垦"，建设现代农业航母。东北地区农垦为保障国家粮食安全、支援国家建设、维护边疆稳定做出了重要贡献，是农业现代化的主力军和排头兵。金融要努力在打造东北"大农垦"现代化农业航母中积极贡献力量。要大力支持黑龙江、内蒙古等垦区开展水稻、玉米、大豆等粮食生产。积极满足农垦企业在高标准农田建设、农产品生产加工流通、产业融合发展、农业走出去、农业综合化服务、智慧农业等方面的多元化金融需求。

农业银行作为一家大型国有商业银行，始终坚守中央赋予的"三农"基本定位，坚持把服务乡村振兴作为全行经营工作的重中之重，不断完善体制机制，加快产品创新，强化科技赋能，加大信贷投放，全力做好"三农"金融服务，努力打造服务乡村振兴的领军银行。截至2021年6月末，全行的县域贷款余额是5.9万亿元，较年初增加6 069亿元，同比增加1 071亿元，增量、增幅都是近五年来最高。

近年来，农业银行认真贯彻落实党中央、国务院推进东北振兴决策部署，坚持把东北地区作为服务乡村振兴战略的重点区域，贯彻新发展理念，聚焦重点领域，不断加大支持力度，努力贡献农行力量。

第一，坚持创新引领，增强"三农"金融服务发展动力。一是创新服务机制。2021年以来，我们深入实施"三农"事业部改革，在东北地区各分行设立乡村振兴金融部，建立健全总、分、支行"三级联动"工作机制，提升金融服务效能。二是创新信贷政策。对接"三农"信贷需求，在同业中率先创新出台15项涉农行业信贷政策，对黑龙江、吉林、内蒙古等分行出台差异化区域信贷政策。三是创新金融产品。完善"三农"产品创新机制，下放产品创新权限，创新特色金融产品，更好服务东北农业农村发展。目前，我们在东北地区共设立五家"三农"产品创新基地，相继推出了"吉牧e贷"和"黑土地粮仓贷"等一系列区域特色产品，有效满足了"三农"客户的多元化金融需求。

第二，坚持协调发展，努力解决农业农村发展不平衡不充分问题。一是着力增加金融供给。持续加大黑龙江、吉林、辽宁、内蒙古、大连5家分行的信贷投入力度，有效填补金融供给薄弱地区的短板。截至2021年8月末，上述五家分行的县域贷款比年初增加453亿元，同比增加99亿元。二是推动城乡融合发展。围绕东北地区县域老旧小区改造、县城产业平台以及县域医院、学校等重点领域，持续加大金融支持力度。

第三，坚持绿色理念，促进县域农村人与自然和谐共生。一是支持东北地区美丽宜居乡村建设。围绕农村人居环境整治等重点行动计划部署，加大对东北地区农村生活垃圾污水处理、村容村貌提升、农业面源污染治理和县域工业防污治污等项目信贷支持力度。加大金融服务力度，推动东北地区重要森林、草原、湿地、湖泊等生态资源保护。二是对接"三农"绿色发展重点项目、重点客户。按照我行与工信部合作下发的县域绿色园区、绿色工厂等企业名录，以及我行与农业农村部合作下发的绿色农产品交易市场、美丽休闲农村等客户名录，指导东北地区分行加大信贷投入力度。三是提升"三农"绿色发展服务能力。持续完善绿色信贷支持政策，加快推进"三农"绿色金融服务模式创新。

第四，坚持开放合作，努力形成"三农"金融服务合力。一是加强多方合作，强化东北区域银政合作，签订战略合作协议，全面推进乡村振兴金融服务。加强与东北4家省级农担公司合作，推广"见贷即保"等有效服务模式。加强与农业产业化龙头企业、农民专业合作社等合作，积极构建"公司+农户""合作社+农户"等服务模式。二是推进开放智慧场景建设。顺应乡村数字化发展趋势，加快东北地区智慧农业、智慧乡村旅游、智慧园区、智慧市场等场景金融建设，为农村生产生活领域提供便捷金融服务。三是搭建乡村数字化服务平台，服务国家农村集体产权改革，研发推广农村集体"三资"管理平台，与政府合作提升乡村治理信息化水平。目前已覆盖黑、吉、辽、蒙东五盟市近30个县、1 000个行政村。

第五，坚持共享发展，拓展"三农"金融服务普惠性。一是下沉县域服务网点。2021年东北区域迁址和新建的网点，有65%要下沉布局到城乡接合部、县域和乡镇地区。二是强化惠农基础金融服务，在东北地区累计建设1.2万个惠农通服务点，实现存、取、转、缴等多种基础功能，让广大农户享受"足不出村"的便利金融服务。三是加大农户信贷投放。以线上融资产品"惠农e贷"为抓手，为广大农户提供无抵押、自助可循环、便捷化的融资服务。截至2021年8月末，农行东北地区"惠农e贷"余额达453.65亿元，较年初增加152.29亿元。四是助力农村金融生态环境改善。扎实做好东北区域"信用村、信用户"创建工程，助力农村信用体系建设。

下一步我们还将深入贯彻习近平总书记关于东北振兴的重要讲话精神，把服务东北乡村振兴作为全行乡村振兴金融服务的重要着力点，紧紧围绕乡村振兴重点领域和关键环节，着力做好金融服务，努力推动东北振兴，实现高质量发展。

一是切实保障国家粮食安全。持续加大高标准农田建设领域信贷支持力度。围绕打好种业翻身仗，大力支持东北地区制种大县、种业企业发展。做好农垦北大荒集团的金融服务，支持打造"产业龙头+基地"的全产业链产业集团。围绕黑土地保护工程实施、加快推广"黑土粮仓贷"等产品服务，以国有骨干粮食企业和地方大型粮食企业为重点，支持粮食流通、仓储、加工产业链优质客户和项目。

二是积极支持乡村产业发展壮大。以国家级省级现代农业产业园、农业科技园、农业产业融合发展示范园等为重点，进一步支持东北地区县域各类园区建设和园区内企业发展。聚焦县域主要产业群体，推出贯通上下游的批量金融服务解决方案，有效满足特色产业差异化金融需求。创新推广"政银保担企"五方兴牧等服务模式，加大对养殖企业和农户信贷支持力度。

三是全力支持乡村建设。围绕国家扩大农业农村投资11个重点领域，根据东北区域发展实际，全面做好信贷融资、债券承销、金融租赁等综合金融服务。围绕农村的水电路气网等重点领域，持续加大基础设施建设项目的金融支持力度。积极支持农村污水处理，生活垃圾无害化处理和资源化利用项目。结合东北各地的县域城镇和村庄建设规划，积极支持传统村落和乡村风貌保护项目，创新支持美丽宜居村庄和美丽庭院示范创业项目。

四是努力做好民生金融服务。以住房、家装、购车、旅游等消费领域为重点，大力发展县域个人消费信贷业务，助力农村消费升级，实现"美丽乡村，美好生活"。持续加大农户小额贷款投放，有效满足广大农民生产生活资金需要。加大对东北地区县域中小微企业信贷支持，保障企业稳岗和促进就业。做好县域教育医疗卫生养老设施等民生类项目的信贷投放，促进提升公共服务水平。

发挥好金融在东北乡村振兴中的作用，需要政府部门、金融机构以及社会各界的通力合作。为推动东北地区构建更加优化完善的金融生态，向乡村振兴聚集更多金融力量，注入更多金融活水，借此机会，提出几点倡议：

一是研究设立东北乡村振兴的投资基金。建议可由中央财政牵头出资，东北四省区财政联合金融机构、企业共同出资设立东北乡村振兴投资基金，同时设立农业绿色发展基金、乡村建设行动基金等子基金，通过加大对乡村振兴重点领域和薄弱环节的投资，发挥投资基金"四两拨千斤"的作用，引领带动更多的社会资本投入。

二是加强金融服务乡村振兴平台建设。建议由地方政府牵头，联合金融机构、农业产业化企业共同建立东北乡村振兴金融服务平台，整合辖区内"三农"大数据，集合政策宣传、产权交易、信息共享、金融服务等功能，建立起金融机构与涉农企业、新型农业经营主体、农户之间的信息沟通机制，实现对涉农企业、农户快捷办贷，提高金融的服务效率。

三是营造金融服务乡村振兴良好环境。首先要着力健全农村金融基础设施。如推动抵押登记、流转交易等配套服务线上化升级，降低交易成本，释放农村资源资产金融权能。其次要着力构建风险共担机制。持续完善银行、担保、保险、期货等多元主体风险共担的农村金融服务体系；创新推广"银行+政策性担保""银行+风险补偿金""银行+保险"等金融服务合作模式。最后要完善考核激励机制。建议地方金融监管局出台金融服务乡村振兴考核奖励办法，对金融机构服务乡村振兴领域贷款投放规模、结构、定价、质量等进行综合评价，调动各类金融机构支持乡村振兴的积极性。

东北地区特色农业产业发展的困境与出路

——基于吉林省延边州特色农业产业"十四五"发展规划的思考

庞德良
吉林大学日本研究所所长、教授

一、延边州资源优势与产业发展基础

延边朝鲜族自治州位于吉林省东部，幅员4.33万平方千米，约占吉林省的1/4。总人口207.2万人，其中朝鲜族人口74.2万人，占全州总人口的35.8%，是我国唯一的朝鲜族自治州和最大的朝鲜族聚居地区。

延边朝鲜族自治州地处中俄朝三国交界，向东与中俄边境直线距离仅60千米，与日本海直线距离80千米；向南与中朝边境直线距离10余千米，被誉为"东北亚金三角"，是我国"一带一路"倡议向北开放的重要节点，是长吉图开发开放先导区的"窗口"和"前沿"。

延边地区地处长白山腹地，地理、气候条件独特，森林覆盖率达80.2%，自然资源丰富，被誉为"物种基因库""天然博物馆"，是联合国圈定的"生物圈保护网"。

延边州立足生态资源优势，不断挖掘朝鲜族文化和东北农耕文明的市场潜力，积极扶持和引导特色农业产业向绿色、生态、有机转型升级，依托"长白山人参""延边大米""延边黄牛""汪清黑木耳""长白山林蛙""延边苹果梨""寒富苹果""长白山山野菜""敦化小粒黄豆"等特色有机绿色食品优势资源，形成了具有区域资源特色和民族特色的有机绿色生态食品产业，巩固了以人参、灵芝等主要东北中草药资源为原料的中药、保健食品产业的比较优势地位，为进一步打造以人参为主的中药材产业集群、以黑木耳为主的食用菌产业集群、以延边黄牛为主的畜牧产业集群和以延边大米为主的种植业产业集群奠定了坚实的产业基础。

二、特色农业产业发展的主要问题与困境

（一）产业组织程度偏低，融合化发展不充分

延边地区俗称"八山一水半草半分田"，农业特色产业受地理因素影响，分布比较分散，土地经营碎片化。从事适度规模经营的农民专业合作社、家庭农场、种植大户等新型经营主体发育相对迟缓，各类农村专业合作组织发展不平衡，组织化程度不高。农产品精深加工能力不足，种养结合型、链条延伸型、农业功能拓展型、技术渗透型等经营主体比例偏低，农业龙头企业总体规模小，一二三产业连接仍不够紧密。

（二）品牌市场影响有限，品牌体系仍需完善

尽管农产品品牌培育取得进展，"汪清黑木耳""敦化黑木耳""延边黑木耳"等地理标志先后获批，"犇福"延黄牛国家驰名商标和"长白弘"省级著名商标注册成功，"长白山人参""吉林省长白山黑木耳"等区域公用品牌市场认可度不断提高，但是农产品著名品牌数量、知名度和市场影响力还总体偏低，区域公用品牌、企业品牌和产品品牌还未能形成完整体系，还需要从品牌保护管理、品牌宣传推介、品牌文化内涵等方面入手，提升品牌价值，扩大品牌影响，增强品牌效应。

（三）技术创新能力不足，产业发展后劲乏力

延边州地处东北边陲，受地理、历史、机制等因素影响，农业科技人才短

缺，农业科技研发资源不足，农业科技创新平台发展滞后，农科教衔接、产学研协作、科技成果转化等机制还有待进一步完善，农药化肥减量技术、农业废弃物资源化处理技术、农产品精深加工技术等仍是制约特色农业快速发展的重要因素，科技创新赋能产业潜力有待开发，部分特色农产品的产业链拓展困难，一二三产业融合发展缺乏核心动力，影响现代农业产业可持续发展。

（四）物流体系建设滞后，市场配套能力不足

尽管延边州围绕黑木耳、人参、杏鲍菇、黄牛等产业的流通体系建设正在加快，建设了延吉鹏程人参交易市场、汪清天桥岭黑木耳交易市场等专业市场，但是辐射能力有限。同时，电子商务等新型市场建设刚刚起步，农产品运销专业户、农产品流通企业等农村中介流通组织发育还不完全，冷链物流配送等基础功能设施还不完备，仓储和农产品深加工能力仍然不足，距离打造中国长白山农特产品重要集散中心和图们江国际农产品重要交易平台的目标还有较大差距。

（五）从业人员素质偏低，高端人才严重短缺

目前，延边州农村空心化、空巢化、老龄化问题突出，常住人口占户籍人口比重30%以下的空心村达到211个，占到行政村总数的20.1%。农村大量青壮年劳动力及人才外流，留守劳动力女性化和老龄化等问题致使农村劳动力整体素质偏低。同时，地处边陲的区位特点以及农业的工作环境和性质，也一定程度影响到高端人才的集聚和稳定性。总体上看，难以较好地适应现代农业机械化、信息化、知识化、智能化对农业生产经营主体素质的要求。

三、特色农业产业发展面临的机遇与挑战

（一）发展机遇

1.国家战略部署为发展提供了战略机遇

"十四五"期间，国家重大战略的实施为延边州特色农业产业发展提供了难得的战略机遇。

延边州是我国"一带一路"倡议向东部延展的重要节点区域，随着"一带一路"倡议的深入推进，延边州特色农业产业依托自身优势面向"一带一路"国家开放合作的空间愈加广阔，开放发展的机会愈加增多，延边州农业特色产业的开放发展将进入一个新时期。

"构建以国内大循环为主体、国内国际双循环相互促进的新发展格局"，为吉林省发挥农业大省的优势作用和提升农业资源的核心地位提供新的战略平台，也为延边州的农业产业发展融入国内大循环、建立以内需为主导的新的供给体系和需求体系，实现高质量发展提供了战略机遇。

2.国家乡村振兴战略为发展提供了政策机遇

"十四五"期间，国家乡村振兴战略进入第一个实施周期，东北振兴第二个十年进入关键期，以确保粮食安全、生态安全和国防安全为目标，推动乡村振兴的政策措施会更加全面系统，推动东北振兴的政策措施会更加充分有力，政策红利会进一步放大和释放。充分利用国家乡村振兴和东北振兴两大战略为延边州农业产业发展提供的难得机遇，把握国家、省、市的振兴发展战略核心、政策内涵、节奏和发力点，聚集优势资源，优化农业产业结构、延伸农业产业链条，提升产业链价值，推动延边州农业产业规模化、集约化和集群化发展，带动延边州乡村振兴和产业发展走向新阶段、达到一个新高度。

3.消费结构升级为发展提供了增长机遇

"十四五"期间，我国4亿多中等收入群体规模将继续扩大，低收入群体的收入水平和社会最终消费比例将得到大幅度的提高，居民消费能力进一步释放，消费空间得到不断拓展，消费特别是居民消费将成为稳定经济和拉动经济增长的持久力量。吉林省、延边州的消费增长也将汇入全国收入增长和消费结构高级化的发展趋势中，通过推进系统化改革和政策安排，积极推进收入分配制度改革，释放市场消费潜力，有效激活基础设施、地产、新零售、医疗卫生、文化娱乐等多个领域的广泛需求，这将为延边州特色农业产业的发展提供增长机遇和内生发展动力。

（二）发展挑战

1.全球经济不确定性增大的冲击

新冠肺炎疫情的暴发和流行，打破了国际投资和国际贸易的节奏，国际经济合作的正常秩序遭到了破坏，各国因疫情导致的经济冲击演变为长期衰退的可能性增大，严重威胁世界经济的稳定和增长。加之逆全球化、单边主义、保护主义的兴起，以维护自由贸易为核心的国际经济秩序面正面临严重冲击，产业链收缩，生产趋向本土化，对深度参与国际经济大循环的我国产生了严重冲击和影响。全球经济不确定性增加，贸易、投资、资本流动正在经历第二次世界大战以来最为严峻的考验，这些国际重大因素的变化增大了我国经济增长和发展的难度，也会对延边州经济与社会发展产生直接或间接影响，对此应有充分的思想和政策准备。

2.东北区域优势下降的冲击

改革开放以来，东北地区在开放环境中，其区位优势下降，老工业基地传统优势转变为沉重负担使得东北地区经济发展陷入了困境。尽管国家开启了东北振兴第二个十年计划，给予了东北老工业基地振兴最大支持，但由于其产业结构老化、市场化程度低、资源枯竭、思想观念陈旧保守等原因，东北老工业基地与粤港澳经济带、长江经济带、成渝经济带和京津冀经济带相比，在增长速度、发展基础和发展实力上差距越来越大。东北振兴的艰巨性和难度在增大，竞争优势越来越弱化，在这种大环境、大背景下，延边州的经济发展面临严峻形势，农业产业发展面临更多的挑战。

3.省内区域竞争格局变化的冲击

延边州地处吉林省东部，资源优势和发展基础并不强于东部地区的通化、白山，经济发展的交通和区位优势明显不及中部地区，从区位、资源和发展基础来看，与省内其他地区相比并无明显优势。由于资源具有相当强的相似性，产业结构雷同，发展路径基本相同，在各地区追求发展中，强化了竞争性，延边地区没有形成明显高于省内其他地区的竞争优势。目前，吉林省以长春为中心的发展格局渐渐显现。长春作为省会城市和经济发展的中心，其吸纳资源和生产要素的能力在不断增强，如果延边州不能尽快形成吸引和聚集优势资源的核心竞争力，延边州在省内经济竞争格局中将处于不利地位，这将对延边州的经济增长和产业发展形成压力和挑战。

四、特色农业产业发展的方向与路径

（一）坚持生态友好，推动绿色化发展

绿色和生态是延边州突出的优势。践行绿色发展理念，强化农业资源保护、环境治理和生态修复，建立绿色、低碳、循环发展的长效机制，推广绿色有机生产方式，发展绿色农产品、有机农产品和地理标志农产品，推进农业生产生态化、产业发展绿色化和农产品品质有机化，推动传统农业向生态农业转变。

（二）坚持政府引领，推动市场化发展

充分发挥市场在资源配置中的决定性作用，激活要素市场，激活市场主体，充分发挥农业企业、家庭农场、农业合作社和农户的积极性、主动性和创造性，提高资源的配置效率，增强农业产业发展的核心竞争力。积极发挥政府的支持引导作用，运用经济、行政和法律手段，完善市场功能，健全市场体系，引导资金、技术、人才、企业向重点产业集聚，积极扶持小微企业发展，更好地发挥政府在资源配置中的引导作用，形成政府引导、市场主导的产业发展格局。

（三）坚持惠农富农，推动融合化发展

以第一产业农业为依托，通过第二产业和第三产业的导入实现产业融合化发展是实现农业转型升级、提质增效的有效途径，更是从全产业链扩展农民收入空间，实现惠农富农的重要机制。围绕惠农富农这一产业融合化发展的根本宗旨，积极推进农业内部融合、农业产业链延伸融合、农业功能拓展融合等多元化融合模式来发展农业新业态，提升产业融合程度、融合活力和融合效益，让更多的产出利润留在农业产业内部循环，增加农民收入，提升农业产业内生发展动力。

（四）坚持效率优先，推动集约化发展

产业发展由规模和速度优先的粗放增长方式向效率与效益优先的集约化高质量增长方式转变是产业集约化发展的本质要求。必须改变传统农业产业过度消耗能源资源、过度依靠要素投入来维持农业产业增长的粗放式发展模式，通过革新经营管理、推进技术进步来提高要素质量和调整要素组合来实现产业增长，以自主创新为动力，推动农业产业走向依靠科技进步、注重效率、提高质量和增加效益、实现资源节约和环境友好的集约化发展道路。

（五）坚持补链强链，推动集群化发展

产业集群发展是提升农业产业附加价值、增强农业产业核心竞争力的关键。健全产业链，提高产业链价值是实现产业集群化发展的前提和基础。依托区域资源优势和现有产业基础，强化加工流通延链、科技创新补链、要素集聚壮链、业态创新优链，推动企业、人才、资金、技术向优势产业园区集聚，在更高层次、更大范围上培育规模体量较大、融合程度较深的区域性优势特色产业集群。

东北亟需推进网状北水南调战略工程

[1]周天勇、[2]侯启缘
[1]东北亚经济研究院副院长、中央党校（国家行政学院）国际战略研究院原副院长
[2]东北财经大学东北亚经济研究院研究人员

水资源是人类一切生活和生产活动的基础，水资源短缺将给人类经济社会发展带来一系列严峻的问题。相比于世界其他国家，中国是一个严重缺水且水资源时空配置不均但用水量却最多的国家。习近平总书记曾指出，自古以来，我国水情一直是夏汛冬枯、北缺南丰，水资源时空分布极不均衡。跨流域跨区域重大引调水工程的建设在社会经济发展和生态环境保护方面发挥了重要作用。东北地区水资源供需错配问题尤为突出，严重制约了新一轮东北振兴和五大安全的落实。因此，基于现实调查和对已有技术、方案的了解，我们认为，应当尽快在东北推进网状北水南调战略工程，具体分析及建议如下：

一、东北网状北水南调工程建设的五大战略意义

其一，改变东北内部水资源时空错配的现状。在时间上，东北地区尤其是辽宁和吉林春季和夏季的季节性干旱十分严重；在空间上，水资源北多南少，辽宁人均水资源量为587.76立方米/人，仅为黑龙江的14.6%。东北区域内的水网建设，可以调丰补歉、调洪补旱，实现水资源配置时空上的优化。

其二，若能打通连接松花江与辽河的运河航道，将有效降低东北大宗商品的内河运输成本，增加新的南向开放出海航运通道。建设松辽运河能够实现黑龙江、松花江、辽河与海运的整体畅通。打通松辽航运能够改变和优化整个东北的水运格局，尤其是黑龙江和吉林的水运货物主要为南向市场需求，货物从辽河出海将有效降本提效。

其三，可充分缓解吉西、辽西和蒙东等地区耕地春秋季节性旱情严重的情况，调水改土的结合也将增大可利用土地面积，对于保障粮食安全和生态安全意义重大。根据有关资料，我们进行综合性估算，东北西部和蒙东至少有可开发整理作为农业耕地的未利用干旱草原、沙漠及荒地1亿亩。据王光谦院士的测算，按每亩年需水100~200立方米计算，200亿立方米水足以将1亿亩沙地旱地改造为优质农田。若按每亩年产800斤谷物测算，则调水工程若建成，每年粮食产量将至少增加800亿斤，占2020年粮食总进口量的28.05%，我国粮食安全问题将会得到很大程度的缓解；同时，水资源的引入能够使矿产开采废弃地得到有效治理并扩大绿化面积，生态环境也将得到大幅改善。

其四，从工程建设的经济效益来看，东北北水南调工程技术难度低，成本可控，主要依靠自流，水量充足，对受水区的经济带动效应显著。由于东北地区整体地势平坦且北高南低，调水工程建设难度小、成本低，主要依托自流，并且水源地黑龙江年径流量为3 465亿立方米，是黄河的六倍之多，水量充足。建成后对受水地经济长期发展的增益效果十分显著，尤其辽东地区是东北工业发展水平最高的地区，水资源桎梏的突破将大大激发其工业增长的潜能。

其五，东北北水南调水网工程不仅在建设期具有显著的投资带动和就业增加效应，并且建成后，受水地产业的发展也将形成长期稳定的就业增量，对于东北地区的国民经济发展意义重大。在投资带动方面，作为一项大型水利工程，东北北水南调的投资带动效应贯穿"钢材、水泥、砂石、电力和汽柴油等上游原材料采购—工程机械、运输车辆等施工中间环节—防洪、供水等下游产业"的全产业链。在拉动就业方面，建设过程中，需要大量的劳动力和专业技术人才，具有极强的就业吸纳能力，而且从事具体工作的是原材料加工、建筑施工和运输装卸等类型的工人，能够有效拓宽当地就业渠道、增加当地居民收入，这部分暂时性就业预计可持续 10~15 年。另外，工程建成后，受水地农业用地的增加、工业产能的提升，也将形成长期稳定的就业增量。

二、整体布局、调水目的与规模预估

首先是整体布局，东北网状北水南调将分别从东西两条线路进行调水。西部线路从黑龙江省西北部起始，连接黑龙江支流呼玛河，嫩江甘河、诺敏河等支流沿大兴安岭东侧山麓向南，穿过西辽河支流西拉木伦河与老哈河，然后通往辽西丘陵；东部线路则落实和拓宽原有的松辽运河调水计划，建设"松花江干流－辽河干流"与"松花江长春段支流与辽河支流"两条河道，并在辽东地区以管道或涵洞的方式建设与辽河、浑河相通的地下输水网。

从调水目的来看，西部线路主要是为了通过水网沟通实现水资源和可利用耕地的时空优化配置，而东部线路则是为了实现不同区域水资源与经济发展的耦合，并畅通新的水路航运线。

从调水规模和分配来看，东北网状北水南调东西线工程预计调水规模为 350 亿立方米/年，其中西线工程 200 亿立方米，东线工程 125 亿立方米，河道蒸发等损耗为 25 亿立方米。在具体分配上，西线工程主要为开发改造可利用耕地和生态用水；东线工程主要为居民用水和工业用水，经测算，若达到理想用水标准，则居民用水缺口为 52.86 亿立方米/年，工业用水缺口为 69.62 亿立方米/年，因此，东线工程共计 125 亿立方米/年的调水规模分配相对较为合理。另外，东部运河调水方式有一定比例的蒸发损耗，因此，需要配置 20 亿立方米/年的损耗水量。

三、对策建议

东北网状北水南调战略的落实与发展对于冲破东北地区水资源分配不平衡的桎梏具有重要意义，形成网状贯通的水网通道和内陆河航运能够全面盘活东北地区的水资源时空布局和内外水运联动循环，应尽快着手论证、勘探和建设工作，具体建议如下：

第一，东北网状北水南调是跨省域的重大战略项目，需要国家发改委、水利部、自然资源部、农业农村部、生态环境部、交通运输部、住建部等国家部委和辽宁、吉林、黑龙江和内蒙古等相关地方政府联合推进。建议将东北网状北水南调战略纳入国家"十四五"时期水利建设的战略规划。具体操作上，可由国家发改委协调，各部门联合形成东北网状北水南调战略工程建设协调机构，由调水工程建设企业（如南水北调集团等）具体运作实施。

第二，调水工程的统筹与建设应当实现各地区的利益平衡。东北网状北水南调工程的建设涉及黑龙江、吉林、辽宁和内蒙古四个省份，整个调水工程的建设，是各省份利益的平衡与资源的互补，北部省份将充足的水资源转移给南部缺水省份，而南部地区则通过运河通道的畅通为北部省份提供大宗商品运输和出海的利益。这是在工程建设过程中统筹协调各省份合作时所需要秉承的价值理念。

第三，建议将调水工程与土壤改造等增土工作相结合。东北网状北水南调战略的具体建设应当与增土工作，尤其是辽西干旱地和矿物开采废弃地的土壤改造相结合。在具体操作过程中，水利部、自然资源部、住建部和国家开发银行等金融部门应当进行有效沟通，将调水资金筹集与土地资产抵押进行统筹协调，若"水"和"土"的工作分开则很可能出现调水无法有效实现可利用土地增加的目标，而土地抵押也难以为调水工程建设提供资产支撑。

第四，建议尽快对东北网状北水南调战略进行勘测、规划、评估、投资和施工建设。东北网状北水南调战略建设线路经过区域的地质条件较好，而东线松辽河道建设更是具有历史建设优势，整体来看工程建设的勘探、设计和评估等难度较小；并且从水源地环境承载力、受水区土壤改造和沿线地区水资源利用等多方面来看，该工程对生态环境不仅几乎不存在负面影响，而且通过水资源的优化配置能够更有效地保护和改善生态环境（尤其是大大优化和提升受水区的生态环境和土地质量）；从工程建设拉动投资效应来看，"十四五"期间的新一轮东北振兴战略的推进也亟需东北网状北水南调这样规模较大、持续时间长、后期能够持续使用且可以大幅降低相关产业发展成本的公共战略性工程。因此，建议尽快对该工程进行论证、勘测、规划、评估、投资，并加快启动施工建设进程。

第五，建议形成"水资源、土地资产和资金"三位一体的工程资金筹集和保障模式。东北网状北水南调项目应当以长期发行国债形成水利建设基金、以建设开发的土地（特别是建设用地）作为土地资产抵押贷款、以未来水资源流量及售水收益等作为还本付息信用支撑这一"三位一体"的模式进行各方资金的筹集，从而保障该工程初始资金投入的充足性以及建设过程中资金运作的可持续性。

第六，工程建设应分期、分阶段进行，管道与渠道分离，逐步完成老旧桥改造、蓄水池建设等。整个东北网状北水南调工程建设工程量较大，尤其是东线工程需要同步解决调水和通航的问题。因此，在具体建设过程中，工程应当分期、分阶段进行，将居民用水调水管道与通航渠道分离，以"先通水，后增量；先调水，后通航"为原则，优先建设调水通路，然后逐步实现调水规模的增加和通航河道的建设，从而避免因老旧桥改造、征地补偿和蓄水池建设等问题延缓工程进度。

第五篇

金融——东北振兴高质量发展的助力器

构建多层次资本市场 助力东北经济高质量发展

邢天才
东北财经大学研究生院原院长、金融学院原院长
辽宁省金融业校企联盟秘书长

一、对资本市场的简单评说

（一）金融资本

资本是投资得到收益的本钱，资本就是财富，资本的本质是获得利润。人们为什么叫资本投资、资本运作？为什么市场有风险？因为资本是逐利的。资本天然具有发现价值、培育价值、实现价值的属性。资本的三种形式分别是产业资本、银行资本、金融资本。金融资本将产业资本与银行资本融合渗透，首先可以更好地配置资源，其次可以更好地整合系统资源，高效地利用资源。

（二）金融经济

经济发展阶段是由实物经济、商品经济、信用经济向金融经济逐步过渡，不同的阶段反映了不同的经济发展水平和社会进步水平。为什么叫金融经济？实体经济离不开市场，现代经济发展随时都需要资金的支持。企业融资除了传统的银行信贷之外，还有发行股票、债券、基金等融资方式。实际就是说企业经济活动和金融密切相关、密不可分，这叫现代金融经济。

（三）金融市场

金融市场是个很广泛的概念。市场是一个交易的场所，不同的产品形成不同

的市场。金融市场下面是资本市场，资本市场之后是证券市场，所以资本市场是个更宽泛的概念。金融市场包含资本市场和中长期的借贷市场，不单单是股票和债券。

（四）资本市场的国家战略

资本市场在国家战略中的地位被提升到前所未有的高度，国家发改委提出资本市场参与打造国际国家战略。我们国家提出要对金融领域和资本市场全面开放，上市公司再融资全部松绑，兼并重组逐渐放开，股指期货大量扩容，取消国际投资对我国资本市场的各种限制。这些做法和开放战略让资本市场进入了新时代。

资本市场的任务使命是服务国家战略、服务实体经济发展。但是资本市场的开放扩容会同时带来市场的变化、市场的波动、市场的风险，也需要加以应对。

（五）资本市场30年

有专家认为，我国资本市场需要发挥枢纽作用，说明资本市场过了三道关口：一是计划经济向市场经济的转轨；二是国有企业自身改革；三是实现了银行主导性的金融体系集体相融。

资本市场的金融体系是不完整的。吴晓求教授提出资本市场的监管体系要有重大的改革，中国资本市场与成熟的市场还有相当的差距。中国的资本市场处于初级阶段，发展的任务很艰巨。曹凤岐教授提出中国资本市场大而不强，要提高上市公司的质量。刘纪鹏教授提出建立公平正义的股市，首先要适当地降低大股东的持股比例。李迅雷提出中国资本市场走向成熟还需要20年。到底需要多少年？成熟的资本市场是什么状态？有什么标志？需要我们仔细考虑思量。

二、多层次资本市场的体系框架

我国的股票市场有多个层次：主板、中小板、创业板、科创板。不同的上市目标、不同的阶段，适合哪个市场就找哪个市场。各个地区要培育企业到市场上上市。这几个层次既提出了目标，也提出了任务。

我国现有的股票交易市场有上海证券交易所、深圳证券交易所、北京证券交易所。如何打通资本市场的通道？上海与香港叫沪港通，深圳与香港叫深港通。香港与内地搞一个债券通公司作为电子接入的平台，让港交所投资者也进入这个平台进行交易。上海和深圳可以有沪深通。四板上三板，三板上二板，然后上主板，这是转板的机制。就是股票从初级到高级要转板，这是我们未来的目标。

有一个简单的说法，我国的资本市场从建立到发展，更多是一种政府自上而下的设计推动，而非市场化演化的结果，缺少从场外到场内市场自下而上的自然演进过程。资本市场的结构是畸形的倒金字塔。场外市场发展滞后导致场内市场发展的根基不牢，资本市场的体系不健全，结构失衡。我们提出的市场就是要打根基，做好市场的基础。区域资本市场是资本市场的基础，是我国建立多层次资本市场的重要组成部分。

三、资本市场的地位

截至2021年6月，东北三省一共有上市公司132家，其中黑龙江37家、吉林47家、辽宁48家。在上海证券交易所和深圳证券交易所挂牌的上市公司，全国有4 542家，东北地区占比2.9%。大连一共有上市公司28家，大连有证券营业机构113家。同期，其他大区的上市公司数量分别是：华北591家、华东1 674家、华中385家、华南538家、西南293家、西北178家。通过七个大区的对比可以看出，东北形势比较紧迫。

七个大区的证券公司数量：东北5家、华北24家、华东41家、华中6家、华南11家、西南9家、西北7家，东北是最少的。七个大区的期货公司数量：东北5家、华北39家、华东60家、华中9家、华南13家、西南10家、西北10家。辽宁大连有大连商品交易所，但为什么期货公司少呢？这是我们需要思考的问题。

从数据可以看出，东北区域资本市场发展的不均衡特征较为明显。区域与区域之间综合实力竞争表现为区域金融的竞争，是金融发展水平的综合体现。近几年，东北经济增速较慢，人才流失，营商环境有待改善，传统产业转型及新兴产业兴起不够快，主要是由于金融业的聚集效果效能不高。

东北振兴面临的现实问题：一是地区面临较大的债务压力，现有的方式难以有效疏解；二是银行主导的间接融资体系导致了政策传导机制不畅；三是区域性资本市场存在制度短板，难以有效发挥服务地方经济的作用；四是现有的金融体系和监管制度难以对地方经济的金融需求做出及时、有效、"接地气"的响应。

因此，我们对东北区域资本市场发展的思路是要打造具有特色的区域性股权交易中心，建设区域性底层资本市场，更大力度地发挥资本市场的作用。具体有几个关键点：

第一，要申请股权市场改革试验。对于区域性的股权交易市场，国家有管理办法，规定和限制比较多，如果还是在限制范围之内进行交易的话就没有特色，要差异化、个性化发展。第二，鼓励债券型融资工具发展，探索多样性的交易品种。第三，鼓励金融机构参与股权投资。第四，搭建金融力量与县域经济对接平台"引资入县"，服务县域经济。第五，探索股权市场的转板机制，发挥培育功能，打通上市通道。这样才能吸引企业、改制企业、培育企业。

四、资本市场助力东北振兴的发展思路

将区域资本市场纳入区域金融发展总体规划，即区域资本市场和区域金融发展的统一规划。不能是保险规划保险的，证券规划证券的，银行规划银行的。应该把银、保、证三个行业，包括基金、期货统一规划，定一个协调机制。

第一，做好区域金融发展的顶层设计。第二，要提升区域金融发展与实体经济需要的匹配度，如金融结构、产业结构、经济结构的匹配度。第三，要实现区域金融发展各主体的精准定位，因地制宜，制定不同金融主体的发展战略。第

四，要加强区域金融发展的软硬环境建设，基础设施、人才培养、制度建设、金融机构、金融区域创新产业、对接金融服务和产品的增量创新等都是需要加强的环节。

对于助力东北振兴发展而言，区域资本市场应当推进区域金融中心建设。东北经济的发展离不开金融，金融离不开市场，特别是资本市场，它是一个循环。所以，要开展区域金融中心建设，也叫总部经济，只有区域中心建成了，法人机构达到一定规模才可以。

区域金融中心的考核指标包括金融产业绩效、金融机构实力、金融市场规模、金融生态环境四个方面。东北三省只有大连区域金融中心在全世界的评估中排名在前列，因为有大连商品交易所，因为有200个以上国际金融机构的推荐。我们提出要建设大区金融中心的思考，是由于单个城市或省份都无法建成区域中心，因为体量不够、基础不够。

国家有区域经济发展战略，包括大经济区、经济圈、经济带、城市群——粤港澳、渤海湾，这是国家大的经济带、经济区的概念。有了大的经济区，就应该有大的金融区域的概念，应该考虑建设一个大区金融中心。东北可以以大连商品交易所为龙头，以沈阳为腹地，以长春、哈尔滨为延伸，构建东北亚区域金融中心。

数字金融　数字东北　东北振兴

缪可延
IBM 副总裁、客户事业部总经理

东北振兴是一个大课题，涉及文化、机制、产业的方方面面，在产业方面又会涉及城市、能源、农业、气候、交通、物流、装备、制造、港口、基建、数字化等各个领域，可谓是一个复杂的系统工程。

金融在国民经济运行中处于牵一发动全身的中心位置，对于促进实体经济有基础性作用，对于促进产业升级也会起到像阿基米德说的"撬动地球的支点"一样的关键作用。所以，我认为，按照"十四五"规划高质量发展要求和国家碳达峰碳中和战略，应当重塑东北数字金融，以新数字金融为切入点，同时也以新数字金融为支点，赋能和撬动东北优势产业的数字化转型，从而建成符合国家碳排放战略的数字东北，实现东北振兴。我们可以发挥 IBM 在混合云战略和人工智能方面的领先优势，助力实现东北振兴。

实际上，IBM 和东北有很深的历史渊源。IBM 是 1979 年第一批重返中国的外资企业。IBM 重返中国的第一步就在东北，1979 年帮助沈阳鼓风机厂安装了第一台 S370-138 型的计算机，这是当时最先进的计算机之一，最大可以存储 100 万的字符信息，附加的 IBM3203 打印机系统，额定速度每分钟可以打 1 200 行，在当时是几十到上百倍效率的提高。改革开放 40 多年，IBM 在东北开展了很多业务，参与见证了东北的发展。IBM 在大连有一支数千名员工的队伍，他们不只服务大中华区市场，同时也服务全球其他市场的业务。所以，对于东北这块土地，

IBM有很深厚的感情。

2021年是IBM成立的110周年，IBM是IT产业唯一一家活过100年的企业。大家也许听说过《谁说大象不能跳舞》这本书，那是一位曾经成功带领IBM重现辉煌的CEO写的书。在大家的印象里，IBM可能是做大型主机、存储、电脑的一家公司。实际上，110年里IBM经历了不断的转型，从硬件到系统管理，到大型机时代，后来又到了个人电脑时代、服务时代、软件时代。今天的IBM已经转型成为一个开放式混合云和人工智能的企业，做过相当多成功的核心产品。

IBM最初的成功来自打孔机，然后是大型主机，目前全世界大的银行里面的核心系统，实际上一直由大型主机支撑。后来IBM开辟了个人电脑业务。1996年、1997年IBM率先提出了电子商务的概念。2008年，IBM再次率先提出了智慧地球、智慧城市的概念，不断引领全球科技风向标。2021年IBM推出最新的两纳米芯片制造技术，包括对混合云和未来的量子计算。可以说，不断转型是IBM的DNA。

同时，IBM服务客户的时候，秉持的是只有客户成功IBM才能长期存在的理念，它之所以能有110年的历史，就在于这110年来它帮助了无数的客户成功。在中国，也许广为人知的是华为，我们非常荣幸IBM在华为早期发展的道路上贡献了绵薄之力。我们也希望能够帮助更多的企业走向全球化。

今天的IBM已经是一个领先的混合云和人工智能企业，在175个国家和地区都开展了业务。世界前100家银行里，有97家采用IBM的技术、产品和服务，《财富》五百强前十大银行都是IBM的客户，更多的头部电信公司、机场、汽车制造商、保险公司都广泛地使用IBM的技术，包括IBM的咨询服务。

IBM有基础设施的服务，有自己的公有云，也可以跟其他的公有云相连接，包括以前IBM提供给各大政府、银行机构的一些主机系统，同时又收购了全球最大的开源企业RedHat，打造了一个混合云平台。基于混合云平台，IBM可以提供各种软件的服务合作，提供业务转型服务，提供一项体系最完整的科技咨询和技术服务，帮助企业成功实现数字化转型。在全球具有这样能力的企业是极少的。同时IBM也是中国目前最大的科技咨询和技术服务公司。

针对东北振兴这一个重大课题，通过对"十三五"和"十四五"规划的词云分析，可以在一定程度上展现东北振兴面临的局面和方向。"十三五"规划强调的是制度、网络、经济，但是"十四五"规划更强调机制、产业、改革。同时都强调了发展、开放、绿色、基础建设，可见这是一个长期的战略方向。"十四五"规划出现了很多被强调的新词汇，如"数字经济""平台经济""金融科技""数字货币""开源算法""区块链"等。通过热词的变化可以体会一下战略方向的改变，"数字"在"十四五"规划里被提到了81次，比"十三五"增加16倍还多，这证明产业数字化、数字产业化已经进入了国家发展战略主干道，企业数字化转型已经不是一个选择题，而是一节关乎生存和长远发展的必修课。"量子""供应链""人工智能""数据中心""民营企业"提到的次数都比"十三五"增加了5倍以上。由此可以看到东北振兴面临的新局面。

东北振兴成果很大的体现应该是留住年轻人，年轻人不再往外跑，或者少往外跑，甚至回流。解决这一问题的核心在于提升经济活力，这与"十四五"规划的要求方向是一致的。这需要方方面面长期持续的努力，在此只提金融这一方面，因为金融在提升经济活力方面会起到非常重要的作用，它既有先导作用，也有"撬动地球的支点"作用，同时发挥基础性的作用。

应当围绕碳排放战略，对当前的数字金融体系进行重塑，利用AI、区块链、大数据等金融科技，让已经延伸到各个产业的金融触角拥有更高的智慧，不仅使金融效益更高，资金更安全，还要让金融对于绿色、低碳、环保项目、企业、产品拥有更高的鉴别能力和敏感度，对它们的市场价值、规模效应有更好的预判。所以，重塑数字金融不是目的，至少不是最终目的，应当通过它赋能、撬动东北优势产业的数字化转型，建设一个充满经济活力的数字东北。要增加经济活力，需要有让企业提高竞争力、降本增效、市场拓展的因素存在，这也是保证经济活力的动力源泉。数字化转型就是为了要让企业不断适应新的做生意的方式。

但是，要特别注意的是数字化转型，数字化不是目的，转型才是，要能带来新的业务价值才行。一些企业在数字化上花费了非常大的投入，用很大力气去做，但还是做了原来的事情，没有业务的转变，属于一种"换汤不换药"的形式，就像是一个工厂，它不断进行数字化转型，生产的产品还是算盘，但这个时代已经是计算机、手机收银了，甚至应用扫码、自助结账，所以它的数字化转不转型意义不是很大。

一定要警惕"穿新鞋走老路"。企业要有增量思维，有创新格局，一定要在转型当中出现新场景、新业务、新功能、新产品，不能用新的技术去做老的事情，那样的转型是不算成功的，应该放下算盘，走进计算器、手机、量子计算等新的场景，这才是真正的转型。

东北数字化转型的落点应该是要拥抱混合云，聚焦新科技。现在所有市场都在谈论云技术，但是如果对技术有一定了解以后，会知道技术的选择对于企业的发展非常关键，因为一旦做出选择，想改变就是很难的，应该更多地聚焦业务，而不能让技术成为限制业务发展的因素。

如果单独用某一个大型公有云平台很容易被锁定，目前全球提供公有云服务的厂商，基本上都要锁定同一个技术。要防止被锁定，要有自主的权益，在这一点上技术的混合云方式就非常重要。

麦肯锡有一个客户调研，一个企业采用混合云的平台技术和它的运营模式创造的商业价值是采用单一云供应商的2.5倍。我们认为，旅游养老、创意传媒、软件外包、装备制造、特色农业是东北现阶段能够通过数字化转型起到效果的产业。

例如IBM与某省农信联社合作的数字化转型，两者之间有长达十多年的合作，IBM帮其进行了一系列的数据平台建设，规划了数据仓库蓝图和建设路径，协助其成功建起了"稳态敏态，双态双核"的数据中心，为该行社在这十多年的营业网点转型升级，推动县级行社解决风险、效率、服务、成本等方面的难点、痛点问题，做好"三农"金融服务提供了很好的保障。

东北也是我国汽车制造业的重点地区，IBM跟大众、奔驰、宝马都有很多的合作，在国内是一汽大众数字化转型的合作伙伴，帮助其在研发、生产、物流、营销等方面实现了数字化变革，两个切入点分别是客户体验和员工体验。

客户体验是从"我拥有"变成了"我体验"，就是IBM帮助企业的转型是在客户买车的过程之中，可以自由选择外观、功能，不仅增加了物流的有效性，降低了成本，更重要的是通过数字化转型，让客户拥有了心理的控制权，大大提高了销售量。

员工体验是从"要我做"变成了"我要做"，打造了一个全新的人力资源管理平台，鼓励了员工的自主性。而且IBM把它的数字化能力进行了体系化，打造了整体的转型平台，可以不断根据市场与时俱进。

对于数字化转型振兴经济，IBM有一个很清晰的车库创新的方法论。一直以来，IBM都有创新的基因。在佛山IBM有一个车库创新中心，所有的企业，包括国有企业、金融企业都可以到车库创新中心，我们有一套规范的方法论，在IBM的技术专家、行业专家的配合之下，利用IBM的技术平台和工具，可以进行无缝的构思、构建、衡量、迭代，包括直接打造一个最小的可操作的产品模型，实现快速的创新，推动有意义的业务变革，快速使用突破性的技术，强化模式、行业创新，从而达到成熟的企业规模。这是我们可以为东北振兴做的一点点事情。

发挥金融服务主力军作用
助力吉林全面高质量发展

王立生
吉林银行党委副书记、行长

东北振兴是国家重要战略，关系到以国内大循环为主体、国内国际双循环相互促进新发展格局的整体构建。东北振兴是全面全方位的振兴，其中实现经济高质量发展是一个重要衡量标准，也是实现全面全方位振兴的重要路径。金融是经济血脉，东北全面全方位振兴，实现经济高质量发展，离不开强有力的金融服务。吉林银行是吉林省最大国有地方性法人商业银行，所属金融机构390家，发起成立村镇银行10家，多年来在更好助力吉林全面振兴高质量发展方面进行了不懈的探索和实践，成为助力吉林全面振兴高质量发展的金融服务主力军。

一、助力东北全面振兴高质量发展是东北地方金融机构的责任和使命

东北地方金融机构根在东北，未来发展也在东北，与东北共兴共荣，支持东北振兴发展也是谋求地方金融机构的自身振兴发展。从地方金融机构的本源、功能、作用和使命看，我们认为东北地方金融机构在助力东北振兴发展过程中，应重点发挥好以下四个方面作用：

一是发挥金融服务的导向作用。银行是特殊企业，杠杆率高，具有资源配置作用。习近平总书记视察东北时强调，东北地区是我国重要的工业和农业基地，维护国家国防安全、粮食安全、生态安全、能源安全、产业安全的战略地位十分

重要，关乎国家发展大局。这是对东北振兴发展的科学定位，地方金融机构发挥金融服务的导向作用，就是按照党委政府经济发展战略、规划、布局等要求，重点引导资源要素充分有效地向"五大安全"流动、集聚和配置，实现党委政府经济发展的战略意图。

二是发挥金融服务的支持作用。满足经济发展，特别是实体经济发展对信贷资金的需求，是金融服务的本源。当前东北振兴发展，受到资金供给"瓶颈"的很大制约，东北地方金融机构的一个重要责任担当就是回归本源，集聚优质的金融资源，为经济高质量发展提供大力支持和有效"供血"，发挥好地方金融机构的"经济血脉"作用。

三是发挥金融服务的保障作用。金融稳则社会稳、民生稳，金融服务对保障社会稳定、民生改善具有重要的责任。地方金融机构必须着眼国之大者，站在讲政治、讲责任、讲担当的高度，努力维护好群众利益，为社会提供便捷的金融服务，支持当地社会的全面发展进步。

四是发挥金融服务的调控作用。地方金融机构的金融服务必须着眼国家的宏观政策，以经济、产业、金融等方面的政策为导向，防止相关领域"过热"或"过缓"，防范化解各类风险，发挥调控调节作用，确保经济持续稳健，最终实现高质量发展。

二、瞄准高质量发展的关键部位，实施精准化的金融服务

高质量发展是全面全方位的高质量发展，但不能眉毛胡子一把抓，必须突出重点，集中力量服务重点，最终实现以点带面、以重点带整体。特别是在地方金融机构金融实力普遍受限的情况下，要求金融服务不能遍撒芝麻盐，必须瞄准关系全局高质量发展的关键部位，发挥杠杆撬动作用，实施精准化的金融服务。近年来，吉林银行在服务吉林振兴发展上，确立了回归本源、深耕本土、服务实体、防控风险的发展方向和服务宗旨，紧紧瞄准省委省政府确定的"一主六双"

高质量发展战略、生态强省战略和"三大板块"产业空间布局，在兼顾全方位服务的同时，把优质金融资源集中在全省高质量发展的关键部位上，凸显地方金融机构在全省振兴发展中的重要作用。

一是紧跟项目建设抓投放。瞄准省委省政府确定的打造万亿级汽车产业和千亿级的医药健康产业、化工产业、装备制造产业、"芯、光、星、车、网"电子信息产业、"陆上风光三峡"、冶金建材产业等重大项目建设，实行专班服务，做好金融服务与项目建设的对接，优先加大信贷投放额度。目前，向万亿级汽车产业累计投放的贷款及授信都实现了历史性跨越。

二是紧跟产业振兴抓供血。瞄准现代农业、制造业、文化旅游业、高科技产业等振兴发展，与相关实施主体建立支农支牧联盟、银企联盟、银科联盟等战略合作关系，推出活体抵押贷款、信用贷款、知识产权质押贷款等金融产品，实施跟进服务。近年来，向现代农业、千万头肉牛工程、文化旅游等产业发展累计投放贷款超千亿元。

三是紧跟企业发展抓服务。积极支持全省骨干企业、重点企业、科创企业、中小微企业发展，深入开展"百名行长进万企"活动，走访企业 9 000 多人次，帮助企业化解融资难、融资贵等问题。仅 2020 年，吉林银行在本省新增贷款投放已超过工农中建四大国有商业银行吉林分行在吉林新增贷款投放的总和。

四是紧跟民生保障抓惠民。推出"吉银"系列金融产品和"吉稳"系列理财产品，让利于民。增强手机银行、长白山卡和市民卡功能，便利于民。承担"六稳""六保"任务，向受疫情影响较大行业及时投放贷款，支持 4 725 家企业复工复产，并给予贷款优惠利率。

五是紧跟风险防范抓化解。全力平滑地方政府隐性债务，延长偿债期限，缓解短期还款压力。落实疫情期间国家出台的延期还本付息政策，应延尽延，主动为中小企业承担抵押评估、公证等费用，减缓中小企业负担，助力市场主体渡过发展难关。

三、深化改革变革，提高助力全面振兴高质量发展的金融服务能力

灵活高效的金融服务体系，直接关系到助力地方发展振兴的能力。从2020年初以来，吉林银行以打造全国一流现代商业银行为目标，着力构建新型的以客户为中心的服务体系、突出竞争能力的产品体系、融合引领的科技体系、全面风险管理与内控体系等吉林银行"八大体系"，落实围绕高质量发展这一个目标，抓好客户和风险两个基础，聚焦零售业务体系变革、综合公司金融业务体系变革、特色资管业务体系建设三大方向，筑牢内控合规、资源配置、产品体系、金融科技四个支柱的"1234"总体部署，实施和推进以组织构架、人力资源管理、信贷管理、内控建设等为内容的"10+2"改革变革。在深化"10+2"改革变革中，大力推进"三大战略"：

一是大力推进服务立行战略。坚持现代商业银行发展理念，增强商业银行营销服务意识，深化公司金融、机构金融、运营管理改革和零售业务变革，大力引进和发展资管业务，推进大型客户的敏捷银行、中型企业的伙伴银行、小微企业的贴心银行、党委政府的智慧银行建设。优化服务、简化流程，把各类资源向公司、机构、零售、资管业务释放和集中，加快推进吉林银行向综合化公司银行、财富管理银行、特色资管银行、现代数字银行转型，提高市场竞争力，适应吉林振兴发展需要。目前，全行初步构建起突出以客户为中心的服务体系、突出竞争能力的产品体系、突出规范审慎的全面风险管理与内控体系。

二是大力推进人才兴行战略。把人作为推动吉林银行改革发展创新的第一要素，大力实施以组织架构改革、公司治理改革和人力资源管理改革为内涵的人才引进战略和人才培养计划。坚持以人兴业、以业聚人，充分利用吉林省人才引进政策，采取柔性引进、公开招聘、市场选聘等方式，引进优秀金融管理人才、优秀金融科技人才。坚持党委管教育培训原则，组建教育培训部，构建吉林银行特色教育培训体系。坚持党管干部原则和正确选人用人导向，加强干部的选拔、使

用和储备。

三是大力推进科技强行战略。从2020年开始，制定实施《吉林银行金融科技发展规划》，以数字化银行建设为统领，启动金融科技人才招募计划，引进各类技术人才177人，构建以科技部、研发中心、运维中心为支点的金融科技"一部两中心"的架构管理模式，推行人工智能、大数据、云计算、区块链和移动互联五大创新型技术手段，打造新一代业务核心系统。2021年6月，全面启动"两地三中心"金融科技基础设施建设工程和新一代核心业务系统项目群建设工作。金融科技的广泛运用，极大提高了全行金融业务、金融产品、金融服务的效率效能，为吉林银行跻身全国优秀商业银行行列提供了有力支撑。